KB253150

최소한의 외교

요즘 시민을 위한
최소한의 외교

초판 1쇄 인쇄 2026년 02월 01일
　　　1쇄 발행 2026년 02월 15일

지은이 최재혁

펴낸이 우세웅
책임편집 강진홍
북디자인 김세경

펴낸곳 슬로디미디어
출판등록 2017년 6월 13일 제25100-2017-000035호
주소 경기 고양시 덕양구 청초로66, 덕은리버워크 지식산업센터 A동 15층 18호
전화 02)493-7780 **팩스** 0303)3442-7780
홈페이지 slodymedia-mo2.imweb.me **이메일** wsw2525@gmail.com(사업 제휴)

ISBN 979-11-6785-297-7 (03340)

최소한의 외교

최재혁 지음

외교는 우리 삶을 어떻게 바꾸는가

슬로디미디어

차례

우리는 지금, 외교의 시대에 살고 있습니다. 외교가 그 어느 때보다 우리 일상 깊숙이 영향을 미치고 있습니다. 우리가 쓰는 스마트폰 속 부품, 음식, 해외로 오가는 상품, 그리고 우리나라 경제의 성장과 위기에 이르는 모든 것이 외교와 긴밀히 연결되어 있습니다. 하지만 외교가 일상에서 중요한 역할을 한다는 사실을 아는 시민은 그리 많지 않습니다. 이 책은 대한민국 시민이 알아야 할 외교의 핵심을 총망라하고, 외교가 어떻게 우리 삶에 영향을 미치는지를 다루고자 합니다.

책에서 말하는 외교는 단순히 '국가 간의 단기적 협상 정책'이나 '오늘만의 외교 정치'가 아닙니다. 외교는 경제적 결정, 문화적 교류, 그리고 안보와 직결되는 중요한 문제입니다. 그렇기에 요즘처럼 복잡하고 변화무쌍한 세계에서는 각국의 외교정책이 우리 미래에 어떤 영향을 미칠지를 끊임없이 고려해야 합니다. 이 책을 통해 '끈질긴 추적자' 관점에서 대한민국이 처한 외교 현실을 설명하고, 세계 여러 나라와의 관계에서 우리가 어떻게 대처해야 하는지에 대해 깊이 있는 분석을 제공하려고 노력했습니다.

저는 기자로서 수년간 외교와 경제를 공부했습니다. 수많은 뉴스와 자료를 바탕으로 세계의 흐름과 국제 정세를 파악하려고 애써

왔습니다. 그러나 시시각각 변하는 외교 문제와 정세는 여전히 저를 압도합니다. 매일같이 변하는 국제 관계 속 외교 문제는 너무나 복잡하고, 때로는 그 흐름을 쫓기 힘든 경우가 많습니다.

외교는 단순히 정부와 외교관만의 일이 아닙니다. 국가와 국민이 함께 만들어가는 문제입니다. 외교에 대해 국민들이 이해하고 참여할 때 더 나은 외교 전략이 만들어지고, 그 전략이 경제적 이득과 사회적 안정으로 이어집니다. 우리는 세계 속에서 목소리를 내고 이익을 지킬 수 있는 능력을 키워야 합니다. 그 능력을 키우는 첫걸음은 바로 외교에 대한 관심과 공부입니다. 따라서 이 책은 단순한 외교 개론서가 아닙니다. 대한민국 국민이라면 꼭 알아야 할 외교의 중요한 부분들을 짚어주고, 우리가 처한 외교 현실을 이해하는 데 중요한 길잡이가 되어줄 것입니다. 저도 책을 집필하며 끊임없이 공부했습니다. 변화하는 세계에서 대한민국이 펼쳐야 할 외교 전략과 선택에 대해 고민한 결과를 이 책에 담았습니다.

외교는 우리가 살아가는 데 떼려야 뗄 수 없는 문제입니다. 경제적·안보적·문화적 측면에서 우리의 삶에 큰 영향을 미치기 때문입니다. 이제는 외교가 우리의 일상이라는 사실을 더 이상 외면할 수 없습니다. 이 책을 통해 대한민국이 어떻게 세계와의 외교 문제를 잘 헤쳐나가고 대처해야 할지에 대한 통찰을 얻기를 바랍니다. 그리고 그 과정에서 외교의 중요성을 깊이 깨닫고, 앞으로 나아갈 길을 함께 고민해보기를 진심으로 바랍니다.

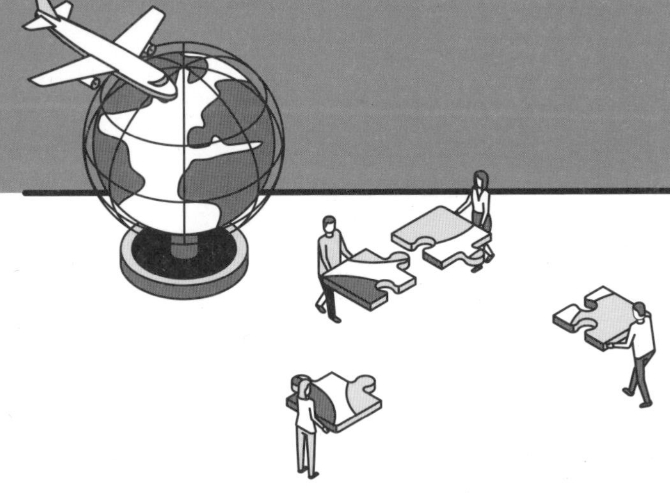

1. 세계를 움직이는 외교

외교란 무엇인가

'외교'라고 하면 사람들 대부분은 우리나라 대통령이 외국 정상과 협상하는 모습을 떠올린다. 국가 간 갈등이나 협상 상황을 보도하는 뉴스에서 우리는 '외교'라는 단어를 자주 접하게 된다. 사실 외교는 생각보다 훨씬 깊고 넓은 의미가 있다. 사전에 정의된 외교는 '국가 간의 관계를 조정하고 유지하는 일'이다. 풀어서 말하면 다른 나라와의 관계를 어떻게 만들고 어떻게 유지할지를 다루는 일이라는 뜻이다.

사전적 정의와 시민이 바라보는 외교는 같은 모습일까? 언급했듯 우리는 외교를 주로 뉴스에서 보는 국가 간 갈등이나 협상으로 인식하는 경우가 많다. 예를 들어 미국과 중국의 무역 전쟁, 남한과 북한의 관계 악화, 또는 국제회의에서 일어나는 중요한 결정들이 바로 시민들이 떠올리는 외교다. 그만큼 시민들이 생각하는 외교는 국가 간의 큰 문제들, 즉 갈등이나 협상이 중심인 경우가 많다.

그렇다면 전문가들이 보는 외교는 어떻게 다를까? 외교를 연구하고 분석하는 전문가들은 이를 단순한 협상이나 갈등 해결만으로 보지 않는다. 국가 이익을 지키기 위한 전략으로, 안보, 경제, 문화 등 여러 요소가 복합적으로 얽히는 문제로 외교를 바라본다. 예를 들어 한미동맹이 강화될 때 한국의 안보가 어떻게 변화할지, 경제에 어떤 영향을 미칠지 등 다양한 요소를 고려하면서 외교를 분석한다.

기업은 외교를 또 다른 관점으로 바라본다. 이들은 외교를 경제적 기회로 본다. 특정 국가와의 자유무역협정FTA을 통해 자사 제품의 시장 접근성이 향상하거나 해외 투자 환경이 바뀌면 수익에 영향을 미칠 수 있다. 기업에 외교는 단순한 정치적 문제가 아니라 비즈니스가 성장하고 번영하는 기회와 직결된다. 그래서 기업들은 외교적 협정이나 국제 규제가 자사에 미치는 영향을 면밀히 분석하고, 그에 맞춰 전략을 세운다.

그렇다면 행정부에서 보는 외교는 시민의 시선과 얼마나 차이가 있을까. 행정부는 외교를 통해 경제적으로 협력하고, 안보를 강화하며, 국제사회에서 국가 위상을 높이려 한다. 그래서 외교부, 국방부, 경제 부처 등이 협력하여 국가의 목표를 이루기 위한 외교 전략을 세운다. 여기에는 안보를 강화하기 위해 군사적 동맹을 맺거나, 경제적 이익을 확보하기 위해 무역협정을 체결하는 등의 활동이 포함된다.

이처럼 외교는 각자의 위치와 분야에 따라 다르게 해석되고 적용된다. 시민들은 외교를 주로 큰 문제나 갈등으로 생각하지만, 전문가들은 전략적 도구로, 기업은 경제적 기회로, 행정부는 국가 정책을 실현하는 수단으로 본다. 외교는 각기 다른 시각에서 이루어지지만, 사실 모든 시각이 국가의 이익을 추구하는 방향으로 모아진다.

왜 외교를 알아야 할까

오늘날 우리는 세계 어디든 24시간 이내에 도달할 수 있는 시대에 살고 있다. 30년 전만 하더라도 해외로 나가려면 몇 날 며칠 걸려야 했고, 놀랍게도 국경을 넘는 일 자체가 쉽지 않았다. 그러나 지금은 SNS로 언제든지 다른 나라와 소통할 수 있다. 세상이 이렇게 변한 만큼 국제 외교의 중요성이 어느 때보다 커졌다. 우리는 더이상 자국 안의 작은 세상에서 살아갈 수 없다. 모든 것이 연결된 거대한 유기 세계 속에 살기 때문이다.

따라서 외교를 제대로 이해하고 활용하지 않으면 좋은 기회를 놓치고, 예기치 못한 위기를 맞을 수도 있다. 경제적 측면에서 외교의 중요성은 더욱 명확하다. 외국과 교류하지 않으면 경제는 결코 성장할 수 없다. 시장이 넓어지면 경제 규모는 자연히 커진다. 더 많은 소비자, 더 많은 기회가 생긴다. 그래서 외교를 잘 활용한 나라들은 경제를 빠르게 성장시킬 수 있었다. 시야를 더 넓힐 필요 없이 우리나라를 보자. 우리는 외교를 통해 수출 시장을 확보하고, 글로벌 기업들과 협력하며 경제성장을 이루어왔다. 하지만 경제가 커질수록 리스크도 커진다. 교류가 많아지면 자원과 공급이 수요를 초과할 수 있다. 국가 간 경쟁은 치열해지고, 충돌 위험도 커진다.

세계화가 확산할수록 외국과 긴밀히 소통하며 관계를 제대로 쌓지 않으면 위기가 찾아온다. 전 세계와 경쟁하는 시대에 살고 있기 때문이다. 외교를 잘못 활용하면 큰 재앙을 맞을 수 있다. 19세기 후반 조선은 외교를 제대로 다루지 못해 외세의 침략을 받았다. 당시의 외교적 실패는 나라의 운명을 불행하게 결정짓는 참극을 낳았다. 우리가 그때와 같은 실수를 반복하면, 지금까지 쌓아온 경제적 성취와 안보가 한순간에 무너질 수 있다. 서구의 불안정한 외교 문제들이 쌓여 제1·2차 세계대전으로 이어졌던 것처럼 말이다.

외교는 단순한 협상이나 외교적 마찰을 넘어서 국가의 생명과 직결되는 중요한 문제다. 경제적 기회를 얻고 안보적 위협을 피하려면 외교를 제대로 이해하고 활용할 줄 아는 능력이 필요하다. 오늘날 세계는 더욱 복잡해지고, 변화는 더 빠르다. 우리가 국제사회에서 입지를 확립하고 나라의 이익을 지킬 방법은 외교 관계를 열심히 공부하고 잘 활용하는 것뿐이다.

따라서 외교는 더 이상 정부의 일만이 아니다. 우리 모두의 미래를 좌우하는 중요한 문제다. 외교는 정부가 할 일이라고만 생각하고 멀리서 관망하기보다는 시민들이 적극적으로 공부해서 정부의 오판에 대해서는 따끔하게 소리치고, 국익을 위한 결단은 먼저 나서서 지지해야 할 것이다.

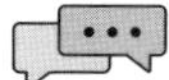

외교와 국제정치의 차이

'외교'와 '국제정치'라는 두 용어는 자주 함께 쓰인다. 하지만 그 의미와 역할은 분명히 서로 다르다. 이 둘의 차이는 뭘까?

우선 국제정치가 무엇인지부터 정확하게 이해할 필요가 있다. 국제정치는 국가들 간의 관계와 그에 따른 권력의 흐름을 다루는 학문이다. 국가들이 어떻게 서로 상호작용하는지, 권력이 어떻게 분포하고 영향을 미치는지를 설명한다. 2025년 일어난 '미중 무역 전쟁' 혹은 나토NATO와 러시아의 군비 경쟁 같은 사건들이 국제정치의 중요한 사례다. 세계를 뒤흔든 이 싸움들은 각 국가들이 경제적·군사적 힘을 중심으로 벌이는 정치적 경쟁이나 협력을 드러낸다. 정치학의 한 분야인 국제정치는 권력 분포, 국가 간의 경쟁과 협력, 전쟁이나 평화에서 나타나는 정치적 역학을 분석한다.

한편 외교는 국제정치의 한 부분에 속하며, 구체적이고 실천적인 측면이다. 외교는 국가 간의 대화와 협상, 관계를 유지하고 발전시키기 위한 활동이다. 국가가 다른 국가와 협상하며 갈등을 해결하거나 경제적·군사적·문화적 이익을 도모하는 활동이 외교다. 외교는 주로 외교관과 정부 당국자들이 주도하며, 이들이 국제적 협약이나 조약을 체결한다. 우리나라를 돌아보면 미국과의 FTA 체결, 북핵 문제에 대한 국제적인 협상 과정 등이 모두 외교적 노력의 일환이다.

따라서 국제정치가 국가 간 힘의 배분과 관계를 이론적으로 설명하는 분야라면, 외교는 그 이론을 바탕으로 실제 국가들이 어떻게 상호작용하고, 그들의 목표를 이루기 위해 어떤 전략을 사용하느냐에 관한 구체적인 행동이다. 국제정치에서는 국가 간의 권력 경쟁이나 협력의 원리를 설명하는 반면, 외교는 그 원리를 실천으로 옮기기 위한 구체적인 방법과 절차를 다룬다.

예를 들어 국제정치에서 중요한 개념 중 하나인 '세력균형'은 국가들이 자국의 안보와 이익을 보호하기 위해 군사적·경제적 힘을 어떻게 분배하는지를 다룬다. 하지만 외교는 이 세력균형을 실제로 어떻게 구현할지에 대한 방법론이다. 국가들이 세력균형을 맞추기 위해 외교적으로 어떤 동맹을 맺고, 어떤 협상을 벌이며, 어떤 외교적 수단을 사용할지를 결정하는 것이 바로 외교의 영역이다.

언뜻 같은 말인 것만 같은 외교와 국제정치는 떼려야 뗄 수 없는 관계지만, 그 역할과 기능은 실로 다르다. 이 두 가지는 서로를 보완하며, 각 국가가 국제사회에서 자국의 이익을 실현하기 위해 노력하는 중요한 요소로 작용한다.

'국익'이란 무엇인가

"국익을 위해 불가피한 선택이었다"라는 말을 들어본 적이 있는가? 1980, 1990년대를 살아온 독자에게는 정치인이나 관료의 이러한 언사가 무척 익숙할 것이다. 말은 익숙한데, 막상 '국익이 뭐냐'라는 질문을 받으면 선뜻 설명하기가 어렵다. 단지 수출이 늘고 우리나라 기업들이 많은 돈을 벌면 국익일까? 군사력이 강해지고 영토가 넓어지면 국익일까? 국익이라는 말 속에는 생각보다 많은 것이 뒤엉켜 있다.

외교에서 말하는 국익을 한마디로 정리하자. 국익은 국가 공동체가 오래 버티고 더 잘살기 위해 지켜야 할 이익이다. 여기에는 국민의 안전, 먹고사는 문제, 산업 경쟁력, 자유와 인권 같은 가치, 국제사회에서의 체면과 신뢰까지 모두 포함된다. 눈앞의 이득만 챙기는 것이 아니라 앞으로 10년, 50년 뒤까지도 버틸 수 있는 토대를 다지는 일이 국익과 연결된다.

사람마다 머릿속에 떠올리는 국익의 모습은 조금씩 다르다. 기업 입장에서는 비용을 줄이고 수익을 늘릴 수 있는 통상 환경이 중요하다. 군사 전문가에게는 동맹과 억지력, 첨단 무기 체계가 우선순위에 올라간다. 환경단체는 기후 위기 대응과 에너지 전환을 국익의 핵심으로 본다. 시민 한 사람 한 사람에게는 일자리, 물가, 집값이 또 절실하다. 국익이라는 한 단어에 이렇게 서로 다른 이해관계가 겹겹이 쌓여 있다.

그래서 외교 현장에서 국익을 다룬다는 것은 여러 이해관계를 조율하는 일과 비슷하다. 안보를 조금 더 챙기는 대신 경제적 부담을 떠안을 수도 있고, 당장의 이익을 포기하는 대신 장기적 신뢰를 얻기도 한다. 어느 쪽으로 저울을 기울일지 판단하는 과정에서 외교의 성패가 갈린다. 말 그대로 선택의 연속이다.

그렇기에 국익을 챙긴다는 외침은 단순히 '우리 것만 챙기자'라는 구호와 다르다. 다른 나라와 협상하며 얻을 수 있는 것은 최대한 얻되, 동맹과 파트너가 느끼는 손해와 불만도 함께 살펴야 한다. 상대가 완전히 손해만 보는 거래는 언젠가 반드시 되갚음이 돌아온다. 외교에서도 '자업자득'이라는 말이 통한다.

국익을 제대로 챙기려면 실력과 더불어 이미지도 중요하다. 국제사회에서 한 나라가 이기적인 플레이어라는 인식이 굳어지면 보이지 않는 비용이 눈덩이처럼 불어난다. 회의장 밖의 자리에서 빠지게 되고, 중요한 정보에서 배제되고, 위기를 맞이할 때 도와줄 나라가 줄어든다. 과유불급이라는 말처럼 국익을 앞세우는 태도도 선을 넘는 순간 역풍이 된다.

반대로 '우리도 먹고살아야 하지만 너희도 함께 살자'라는 메시지를 주면 분위기가 달라진다. 협상장에서는 계산이 치열하더라도, 큰 틀에서는 함께 성장하고 위기를 나누겠다는 신호를 보내야 한다.

그래야 '동상이몽'이 아니라 '동반자'로 인식된다. 요즘 외교에서 자주 말하는 상생, 포용, 연대 같은 단어가 국익과 연결되는 지점이 바로 여기다.

결국 국익은 추상적인 구호가 아니라, 우리가 어떤 나라로 기억되고 어떤 나라로 남고 싶은지에 관한 선택이다. 외교는 그 선택을 세계 앞에서 행동으로 보여주는 무대다. 국익을 지키겠다는 말 한마디 뒤에 어떤 계산과 책임감이 숨어 있는지 이해할수록, 뉴스에 나오는 외교 활동도 전혀 다른 그림으로 보이게 된다.

한국이 마주한 글로벌 과제

지도를 펼쳐보면 한국이라는 나라는 참으로 애매한 자리에 있다. 대륙과 해양의 길목, 미국과 중국이라는 거대한 두 축이 힘겨루기를 벌이는 한가운데에 있다. 경제 규모는 세계 10위권, 무역 의존도는 세계 최상위권, 안보 환경은 여전히 불안 상태다. 숫자만 보면 꽤 단단해 보이는데, 속을 들여다보면 여기저기 신경 쓰이는 지점이 많다.

경제부터 보자. 한국 경제는 수출이 멈추면 숨이 막히는 구조에 가깝다. 반도체, 자동차, 조선, 배터리 같은 주력 산업 대부분이 글로벌 시장과 맞닿아 있다. 미국과 중국의 갈등이 깊어질수록 공급망이 흔들리고, 어느 편에 서느냐에 따라 시장이 갈라질 수 있다. 국민들이 빠르게 늙어가고, 성장률은 예전만 못하다는 말이 일상이 됐다. 기술 패권 경쟁, 에너지 가격 변동, 기후 위기 대응 같은 과제까지 한꺼번에 밀려오면서, 한국 경제는 한쪽만 잘해선 버티기 어려운 복합 게임에 들어섰다고 볼 수 있다.

안보 환경은 더 복잡하다. 코앞에 핵무기를 가진 북한이 있고, 주변은 중국, 일본, 러시아, 미국이 둘러싸고 있다. 한반도라는 공간은 여전히 강대국의 이해관계가 교차하는 무대다. 북한의 미사일 발사 한 번에 긴장이 치솟고, 미국과 중국의 전략 경쟁이 심해질수록 한국의 선택지는 줄어든다. 군사력만 키운다고 해결될 문제가 아니라, 동맹과 억지력, 대화와 관리가 동시에 필요한 상황이다. 말 그대로 '줄타기 외교'가 일상이 된 셈이다. 복잡한 정세 속에서 한국이 마주한 글로벌 과제는 다시 크게 몇 갈래로 나뉜다. 기후 위기, 에너지·식량 안보, 디지털 질서, 반도체와 배터리 같은 전략산업 경쟁까지 더하면, 한국이 마주한 글로벌 과제는 한두 줄로 정리하기 어렵다. '이 복잡한 상황에서 한국이 지혜롭게 살아남고 더 나은 위치로 올라가려면 어떤 외교가 필요할까?'라는 질문이 필요하다.

바로 이 지점을 이해하기 위해 독자 여러분도 이 책을 읽고 있을 것이다. 다음 장들에서는 우리 주변 국가와 지역, 그리고 여러 과제가 어떻게 얽혀 있는지 하나씩 풀어볼 것이다. 오늘의 한국이 서 있는 자리부터 또렷이 보는 것, 외교를 이해하는 첫걸음은 바로 거기에서 시작된다.

동서양의 외교 차이

현재 서양은 동양을 동경하고, 동양은 자신의 색깔을 드러내는 것을 두려워하지 않는다. 시간이 지날수록, 서로 다른 사람들이 상대를 알아갈수록 서로 닮아가기 마련이다. 그러나 외교를 놓고 보면 동양과 서양의 모습은 두 편의 다른 드라마를 한 화면에서 동시에 보는 듯하다. 분명 설정이 비슷한데, 이상하게 배경도 등장인물도 긴장감의 흐름도 다르다. 그런데 신기하리만치 둘 다 결국 같은 결말을 향해 간다. '어떻게 하면 우리가 덜 손해 보고 더 오래 버틸까'라는 질문을 지닌 채 말이다.

동양의 외교 역사는 어땠을까? 과거 중국의 외교는 그야말로 '천상천하 유아독존'이었다. 황제라는 호칭부터 시작해, 세계의 주인이 자신임을 지속해서 강조했다. 천자가 꼭대기에 서 있고, 조공을 바치러 오는 나라들이 그 주변을 둘러선 구조였다. 조공과 책봉이 외교의 기본 틀이었다. 사절단은 선물을 바치고 예를 갖추며 황제의 인정을 받았다. 힘의 크기가 다르다는 사실을 전제로 깔고 출발하는 질서였다. 체면과 위계가 무엇보다 중요했고, 말 한마디, 예법 하나가 나라의 위신과 직결됐다. '화이부동和而不同', 겉으로는 사이좋은 듯하지만 서열이 분명히 나뉜 세계였다.

유럽은 분위기가 달랐다. 어찌됐든 하나의 중국이 중심이던 동양과 달리 유럽은 국가들이 수없이 갈라졌다. 서로 전쟁을 벌였다가 손을 잡았다가, 그야말로 '난전亂戰'의 연속이었다. 어느 한 나라가 주인임을 자처하기 어려운 구조였고, 자연스럽게 힘의 균형과 동맹의 재편이 외교의 주된 리듬이 됐다. 전쟁과 평화가 번갈아 오갔고, 그 사이에서 조약과 합의문이 쌓였다. 나중에 근대 국제질서의 출발점으로 불린 베스트팔렌 조약도 그 혼란 속에서 나왔다.

서로 다른 역사의 차이는 21세기 외교의 스타일까지 갈라놓았다. 동양에서는 관계가 먼저였다. 상대와 얼마나 오래 교류해왔는지, 과거에 어떤 일이 있었는지, 상대가 우리 체면을 어떻게 세워줬는지가 중요했다. 그래서 사소한 호칭, 만나는 순서, 의전을 치밀하게 계산했다. 반면 유럽에서는 문서와 계약이 중심에 섰다. 누가 얼마를 주고, 어떤 의무를 지고, 어겼을 때 어떤 제재를 받는지가 핵심이었다. 관계는 바뀔 수 있지만, 한 번 사인한 조약은 쉽게 버리기 어렵다는 인식이 자리 잡았다.

시간을 훌쩍 건너뛰어 오늘의 세계를 보면 그때의 그림자가 아직도 남아 있다. 아시아 외교는 지금도 관계와 분위기를 중시하는 경향이 강하다. 정상회담 장면의 사진 한 장, 공동성명의 표현 한 줄에도 상대의 체면과 여론을 동시에 재는 모습이 자주 보인다. 회담 형식, 의전, 먼저 말을 꺼내는 쪽이 누구냐가 민감한 문제가 되곤 한다. 겉으로는 부드러운 미소를 주고받지만 속으로는 동상이몽을 품는 경우도 많다.

반면 유럽과 미국이 이끄는 외교 무대에서는 계약과 제도가 전면에 등장한다. FTA, 안보 조약, 제재 결의안 등의 조문 하나하나에 힘과 이해관계가 새겨진다. 회의장에서는 상대에게 예의를 갖추지만, 말할 때는 직설적인 편이다. 협상이 잘되면 곧바로 문서로 남기고, 나중에 분쟁이 생기면 단어 하나하나와 구두점까지 들여다보며 따진다. 감정보다 조건, 관계보다 규칙이 우선순위에 올라가는 셈이다.

물론 현실의 외교를 이렇게 단순한 이분법으로 치부할 수는 없다. 아시아에서도 냉정한 계산이 숨겨져 있고, 서양에서도 체면과 상징을 무시하지 않는다. 그럼에도 큰 흐름을 놓고 보면 아시아는 '관계의 외교'에 더 가깝고, 유럽과 아메리카는 '계약의 외교'에 조금 더 가깝다고 할 수 있다. 같은 동맹이라도 동양에서는 함께한 세월과 정서적 신뢰를 강조하고, 서양에서는 조약 조문과 상호 의무를 먼저 꺼내는 차이가 있다.

우리는 똑같이 외교라고 부르지만, 역사가 다르고 문화가 다르면 문제를 풀어가는 방식도 달라진다. 동서양 외교의 차이를 가볍게라도 염두에 두면 같은 장면도 조금 다른 깊이로 보이기 시작한다. 앞으로 아시아·유럽·미국 이야기를 본격적으로 다룰 때 오늘 떠올린 두 개의 드라마가 다시 한번 겹쳐 보일 것이다.

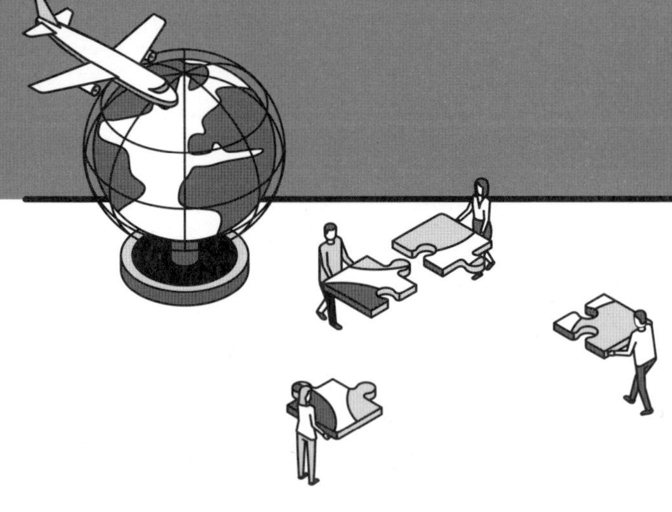

2. 외교는 누가 어디서 하나

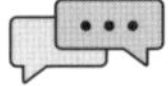

국제 정세와 외국어에 능통한 '다재다능 외교관'

우리가 일상에서 외교관을 마주할 일이 얼마나 될까? 지인이 외교관이 아닌 이상 뉴스나 영화에서 보는 정도가 대부분일 것이다. 이처럼 우리 눈에 쉽게 보이지는 않지만 이들은 국익을 위해 세계 곳곳을 뛰어다니고 있다. 겉으로는 조용한 공무원 같지만 사실 정치, 경제, 문화에 이르는 넓은 영역을 다룬다.

외교관의 일은 크게 두 갈래로 나뉜다. 국제 정세를 누구보다 빨리, 정확하게 파악해 본부에 전달하는 일과 그 정보를 바탕으로 우리에게 유리한 쪽으로 판을 조금이라도 움직이는 일이다. 현지 정부 인사와 만나 물밑 협상을 하고, 우리 기업의 애로를 조정하고, 재외국민이 사고를 당하면 경찰서와 병원을 오가며 문제를 정리한다.

그래서 외교관이 단순히 공부 잘하면 할 수 있는 직업이라고 말하긴 힘들다. 복잡한 정보를 한눈에 구조화하는 분석력, 짧은 글 몇 줄로 상대를 설득하는 문장력, 처음 보는 사람과도 금세 거리를 줄이는 소통 능력, 시차와 피로를 견디는 체력까지 요구된다. 한 손에는 보고서, 다른 손에는 와인 잔을 들고 웃으면서도 머릿속으로는 계산기를 두드리는 직업이다. 그야말로 멀티 플레이어에 가깝다.

외교관의 무기는 빠른 국제 정세 파악과 외국어 감각이다. 외국어의 경우 단어를 많이 아는 수준에 그치지 않고, 언어 뒤에 깔린 사고방식과 문화의 결을 함께 알아야 한다. 같은 표현이라도 영어, 프랑스어, 중국어로 옮기면 말의 뉘앙스가 달라진다. 문화적 감성을 이해해야 협상장에서 반 발이라도 앞선다. 그래서 외교관은 늘 현장에서 현지인들과 부대끼며 세계 뉴스와 국내 정치, 환율과 원자재 가격까지 한꺼번에 살펴보며 살아간다. 우리 기업이 새로운 시장에 들어갈 여지를 만들고, 해외에 있는 국민이 위기에 빠졌을 때 국가가 손을 뻗을 수 있게 준비해두는 사람, 그 조용한 뒷배경이 바로 '다재다능한 외교관'이다.

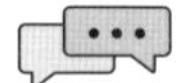

대사관은 우리 국민을 어떻게 책임질까

일본처럼 안전한 나라로 해외여행을 가면 한국 대사관에 들를 일이 거의 없을 것이다. 하지만 여러분이 만에 하나 여행 중 여권을 잃어버리면 방문해야 할 곳은 낯선 땅 한가운데 자리 잡은 작은 한국 정부인 대사관이다.

대사관 업무의 중심에는 '영사 업무'가 있다. 여권 재발급, 출생·혼인 신고 같은 행정 처리를 한다. 우리가 해외여행 중 여권을 잃어버리면 호텔 방에서 막막해하며 '괜히 여기 왔네'라고 생각하기 마련이지만, 대사관 창구에 가면 신분을 확인하고 임시여권을 발급해준다. 이렇게 보면 단순히 서류를 떼어주는 곳 같지만, 해외에서 개인의 법적·행정적 존재를 다시 세워주는 창구에 가깝다.

혹여나 해외에서 우리에게 큰 문제가 생겼을 때 대사관의 역할
은 훨씬 또렷해진다. 교통사고를 당하거나, 현지 병원에 실려 가거
나, 영문도 모른 채 경찰 조사를 받게 될 때 누가 옆에 서 있을까. 현
지 변호사와 통역사를 연결하고, 기본적인 법 절차를 안내하며, 가
족과 연락이 닿도록 돕는 곳이 대사관이다. 판결을 바꾸거나 법 위
에 설 수는 없지만, 우리 국민이 언어도 통하지 않는 '사면초가'에
빠지지 않도록 최소한의 안전망을 펼쳐주는 역할을 한다.

실제로 벌어져서는 안 되겠지만, 외국에서 전쟁 위기나 쿠데타,
대형 지진 같은 초비상 상황이 발생하면 대사관은 사실상 지휘 본부
로 바뀐다. 교민과 여행객의 위치를 파악하고, 안전 지역과 위험 지
역을 구분하고, 필요한 경우 대피 동선을 짠다. 뉴스 화면에 잠깐 스
쳐 가는 정부 전세기와 철수 작전 뒤에는 대사관과 영사관이 쌓아온
연락망과 위기 대응 매뉴얼이 숨어 있다. 평소에는 보이지 않지만,
한번 일이 터지면 개인의 생사를 가르는 무게를 감당한다.

그렇다면 대사관에서 국민을 책임지는 사람들은 누구일까. 중
심에는 외교부 소속 외교관과 영사가 있다. 정무, 경제, 영사, 문화
등 각각 역할을 나누어 맡는다. 여기에 현지에서 채용한 직원들이
합류해 언어와 생활 문화의 간극을 메운다. 한국 법과 제도를 몸에
익힌 사람, 국제 정세에 밝은 사람, 사람을 상대하는 데 능숙한 사람
이 한 팀을 이루어 움직인다. 단순한 '창구 공무원'이라고 부르기에

는 맡은 기능이 무척 넓다.

대사관에서 일하려면 기본적으로 외교관 시험이나 공무원 시험이라는 관문을 거쳐야 한다. 아무래도 좋은 조건이 주어지는 직업이다 보니 경쟁이 치열한 편이다.

외교에서 대사관의 역할은 이만큼 크다. 정상회담과 장관 회의가 무대 위에서 스포트라이트를 받는다면, 대사관은 그 무대를 밑에서 떠받치는 기둥에 가깝다. 해외에서 한국 여권 한 권이 주는 든든함, 사고가 났을 때 '그래도 대사관이 있다'라는 생각이 주는 안도감이 곧 국가에 대한 신뢰로 이어진다. 그 신뢰가 쌓일수록 외교정책도 힘을 얻는다. 국익과 국민 보호가 따로 움직이지 않고 맞물려 돌아간다는 사실을 가장 잘 보여주는 곳이 바로 대사관이다.

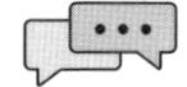

대통령은 외교에서 어떤 역할을 할까

대통령은 항상 두 개의 지도를 펼쳐야 한다. 하나는 한반도 지도, 다른 하나는 세계 지도다. 국내 문제를 다루는 순간에도 머릿속 어딘가에서는 언제나 외교 지도가 함께 돌아간다. 그만큼 대통령은 외교에서 중심 추 역할을 맡는다.

대통령이 눈에 잘 보이는 역할을 맡아 활약하는 무대 중 하나는 바로 정상회담이다. 대통령이 타국 정상과 마주 앉아 공동선언문을 읽고, 군사동맹이나 경제협정을 발표하는 장면은 외교의 '하이라이트'다. 우리나라 대통령들은 당선 후 미국 대통령을 빠르게 만나려 했다. 미국과의 외교가 중요하며, 미국을 향한 정책 기조 등이 국내에 크게 반영되니 당연한 선택이다. 이토록 화려한 정상회담의 물밑에서는 수개월 이상의 실무·장관 라인 협상이 누적된다. 단지 정상회담의 마지막 퍼즐을 맞추는 사람이 대통령일 뿐이다.

대통령은 정상회담에서 끝나지 않고, 타국 수뇌부와 전화 통화, 친서 교환, 다자 회의 발언, 국제 행사 참석을 통해 수시로 메시지를 쏜다. 공개 발언 한 줄이 환율과 주가, 투자 계획을 흔들기도 하고, 한 번의 침묵이 동맹국이나 경쟁국의 계산을 바꾸기도 한다. 그래서 대통령 연설문에는 외교·안보·경제 라인이 총출동해 문장을 다듬는다. 말 한마디가 국가 신뢰도와 직결된다는 사실을 누구보다 잘 알기 때문이다.

대통령이 외교부장관이나 대사 위에 있는 '최고 외교관'이라는 점도 중요하다. 어느 나라와 먼저 회담할지, 어떤 순서로 방문할지, FTA나 방위비, 경제 안보 같은 민감한 의제를 어디까지 풀어줄지 큰 방향을 잡는 사람은 대통령이다. 외교부가 전면에서 뛰고 청와대·대통령실 안보 라인이 설계를 돕지만, 판의 방향을 바꾸는 결단은 결국 대통령 서명으로 마무리된다.

겉으로만 보면 대외 관계에 집중하는 것 같지만, 사실 대통령 외교의 절반은 '국내 외교'에 가깝다. 새로운 동맹이나 협정을 추진

할 때는 국회와 산업계, 시민을 설득해야 하고, 갈등이 불가피한 조치를 실행하려면 왜 그런 선택을 할 수밖에 없는지 설명해야 한다. 해외에서 멋진 합의를 따내도 국내에서 지지하지 않으면 실행 과정에서 발목이 잡힌다. 대통령이 외교 성과를 국민의 언어로 풀어내는 능력이 중요한 이유가 여기에 있다.

정책 진행 과정에서도 대통령은 계속 개입한다. 통상 협상, 방산 수출, 에너지·광물 확보, 반도체와 배터리 같은 첨단산업 협력은 하나같이 외교와 경제가 뒤엉켜 있다. 어느 나라와 얼마나 깊이 얽힐지, 위험 분산은 어떻게 할지, 안보와 충돌하지는 않는지 종합적으로 따져야 한다. 이 판단이 흔들리면 기업과 국민이 떠안아야 할 비용이 눈덩이처럼 불어날 수 있다.

대통령은 생각보다 훨씬 넓은 범위에서 힘을 쓴다. 국경 밖 정상과 악수하는 장면 뒤에는 국내 여론과 산업 지형, 안보 구조를 동시에 저울질한 계산이 숨어 있다. 한마디로 대통령 외교는 '밖에서만 하는 일'이 아니라, 안과 밖을 함께 조율하는 종합 설계에 가깝다. 그래서 외교를 이해하려면 외교부만 볼 게 아니라, 대통령이 어떤 세계관과 우선순위를 가졌는지부터 읽어야 한다.

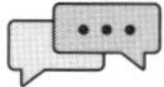

다른 나라에서는 왜 총리가 대통령 역할을 할까

다른 나라 뉴스를 보면 가끔 이런 장면이 나온다. 우리 눈에는 '대통령 역할'을 하는 사람인데 직함은 총리다. 회담장에 나와서 다른 나라 정상들과 어깨를 나란히 하고 경제·안보 정책을 총괄하는데도 대통령이 아니라 총리다. 왜 이렇게 다를까. 답은 정치체제, 특히 '의원내각제'와 '대통령제'의 차이에서 출발한다.

한국과 미국처럼 대통령이 중심에 서는 나라는 대체로 대통령제에 뿌리를 둔다. 국민이 직접 뽑은 대통령이 행정부 수반이 되고 내치와 외교, 안보를 모두 책임진다. 장관 임명권, 예산 편성, 국정 운영 전반을 쥔다. 그래서 우리 기준으로 보면 '나라를 대표하는 사람=대통령'이라는 공식을 자연스럽게 떠올리게 된다.

그런데 영국, 일본, 독일, 이탈리아처럼 의원내각제를 채택한 나라는 구조가 다르다. 국민이 국회의원을 뽑고, 국회 다수당이 총리를 선출한다. 총리는 내각을 이끌며 사실상 국가 운영의 '실세'가 된다. 경제정책, 복지, 교육, 외교, 안보까지 대부분 총리가 주도한다. 대통령이 없는 나라에서는 당연히 총리가 정상 외교도 담당한다. 한국에서 대통령이 하는 일을 그 나라에서는 총리가 나눠 맡는 구조라고 이해하면 된다.

영국과 일본은 여기에 입헌군주제라는 층이 하나 더 얹힌다. 왕이나 천황이 '국가원수'로 존재하지만 실질적인 정치권력은 거의 쓰지 않는다. 영국 국왕과 일본 천황이 법에 서명하고 총리를 임명하는 형식을 취하지만, 실제 인선은 국회 다수당과 정치권 합의로 이미 정해진 뒤다. 왕실이 남아 있는 이유는 역사와 상징 때문이다. 왕실은 국가의 연속성을 보여주는 얼굴, 국민 통합의 상징, 의식과 전통을 이어가는 역할을 맡는다. 정치권력을 쥐고 정책을 밀어붙이는 자리는 총리가 맡는다.

외교 무대에 나가면 '그 나라를 실제로 운영하는 사람'이 누구냐가 중요하다. 외교 문제에서 영국은 국왕이 아니라 총리가, 일본도 천황이 아닌 총리가 회담장에 나선다. 의원내각제 국가에서 총리가 '대통령 역할'을 하는 이유가 여기서 나온다. 실질적인 정책 결정권자가 총리이기 때문이다.

또 다른 경우도 있다. 대통령과 총리가 함께 존재하지만 역할을 나누는 나라다. 프랑스가 대표적이다. 프랑스 대통령은 국민들이 직접 뽑는다. 대통령은 외교, 안보 등에서 큰 방향을 잡는 역할을 맡고, 총리를 임명한다. 총리는 국회와 협력해 국내 정책을 집행한다. 이런 체제를 '반半대통령제'라고 부르기도 한다.

러시아처럼 이름은 비슷하지만 실제 권력 구조가 또 다른 나라도 있다. 중요한 점은, 대통령과 총리가 함께 있는 나라라고 해서 항상 대통령이 전권을 쥐는 것은 아니라는 사실이다. 헌법이 어떤 자리에 어떤 권한을 줬는지에 따라 힘의 배분이 달라진다.

독일, 이탈리아처럼 대통령이 있지만 상징적 지위에 가까운 나라도 있다. 이들 나라는 대통령을 국가원수로 두되, 실제 국정 운영은 총리가 맡는다. 대통령은 헌법 수호, 의전, 일부 임명 권한 정도를 쥐고, 실질적인 정책은 총리가 책임지는 구조다. 그래서 국제 무대에서는 독일 대통령보다 독일 총리가 훨씬 자주 등장한다.

정리하면 나라별로 '누가 대통령 역할을 하느냐'는 직함이 아니라 체제에서 갈린다. 대통령제에서는 대통령이 행정부 수반으로 내치, 외교, 안보를 모두 쥔다. 의원내각제에서는 국회 다수당이 뽑은 총리가 실질적인 최고 권력자가 된다. 왕이나 대통령은 상징적 국가원수 역할에 머무는 경우가 많다. 반대통령제는 대통령과 총리가 권한을 나눠 갖고, 외교와 안보는 대통령이, 국내 정책은 총리가 중심이 되는 구조가 자주 보인다.

그래서 우리 눈에는 '저 나라는 왜 총리가 대통령처럼 굴지?'라는 의문이 들 때도 있지만, 그 나라 헌법 기준으로 보면 아주 당연한 그림이다. 영국과 일본에 여전히 왕이 존재하는 이유도 마찬가지다. 정치권력은 총리와 의회가 행사하고, 군주는 역사와 정체성을 이어가는 껍질 역할을 한다. 무대 앞에서는 총리가 현실 정치를 움직이고, 무대 뒤에서는 왕실이 국가의 상징과 의례를 맡는 셈이다.

결국 외교 무대에서 누구와 마주 앉게 되는지는 그 나라가 어떤 정치체제를 택했느냐에 따라 달라진다. 대통령이든 총리든, 왕이든 천황이든 중요한 것은 이름이 아니라 그 자리가 가진 실제 권한이다.

외교부장관과 대통령의 역할

우리나라 외교의 수장은 분명 대통령인데, 그렇다면 외교부장관은 무슨 일을 하는 걸까? 대통령은 국가 외교의 '방향키'를 쥔 사람이다. 어느 나라와 얼마나 가깝게 지낼지, 어디까지 협력하고 어디서 선을 그을지 등의 큰 틀을 정한다. 동맹의 수준, 대북 정책 기조, 미국과 중국 사이에서 어떤 균형을 유지할지 같은 문제는 결국 대통령의 선택으로 귀결된다. 국가안보회의에서 외교·안보·경제 사안을 함께 논의하는 이유도 대통령이 전체 그림을 책임져야 하기 때문이다.

정상 외교는 대통령이 직접 전면에 등장하는 순간이다. 다른 나라 정상과 마주 앉아 합의문을 채택하고, 공동성명 문장을 최종 승인한다. 실무 협상에서 거의 다 정해진 사안도 대통령이 어떤 톤으로 말하고 어디까지 수용하느냐에 따라 결과가 달라진다. 다자 정상회의 연설, 외신 인터뷰, 특정 현안에 대한 공개 발언은 모두 국제사회가 예민하게 읽는 '신호'다.

외교부장관은 대통령이 정한 방향을 구체적인 정책과 행동으로 바꾸는 사람이다. 장관은 외교부라는 조직을 이끌면서 국가별 전략을 세우고, 협상 방식을 설계하고, 인력을 배치한다. 대통령이 '이쪽으로 간다'라고 길을 잡아주면, 장관은 그 길을 따라 어떤 순서로

누구를 만나고 어떤 조약과 협정을 준비할지 판을 짠다. 양자 회담
과 장관급 회의에서 우리 측 대표로 나가 정책 하나, 조건 하나를 두
고 밤새 밀고 당기는 사람이 바로 외교부장관이다.

국내 조정도 장관 몫이다. 통상, 국방, 산업, 환경처럼 외교와 엮
이는 부처가 워낙 많기 때문에, 외교부장관은 각 부처의 이해관계
를 조율하고 하나의 정부 입장으로 정리해야 한다. 예를 들어 특정
국가와 통상 협상을 할 때면 산업계의 요구, 농업계의 반발, 환경 기
준, 안보 이슈가 한꺼번에 얽힌다. 대통령이 큰 방향을 잡았다면, 그
안에서 구체적 수치를 조정하고 문안을 다듬는 과정은 장관이 책임
진다.

둘의 차이를 단순하게 말하면, 대통령은 '최종 결정을 내리는
사람', 외교부장관은 '결정이 가능하도록 모든 준비를 하는 사람'이
라고 할 수 있다. 대통령이 감독이라면, 장관은 전력 분석과 전술을
맡은 수석코치에 가깝다. 대통령이 한 번 서명하는 합의문을 만들기
위해 장관과 외교부는 수십 차례 회담과 수백 줄의 초안 수정을 거
친다.

그렇다고 대통령이 해외 순방 때만 외교를 하는 것은 아니다.
대사 인선, 외교·안보 라인 배치, 예산과 조직 개편은 모두 외교 지
형을 바꾸는 결정이다. 어떤 사람을 외교부장관에 앉히느냐, 어느
나라에 어느 급의 대사를 보내느냐 자체가 국제사회에서는 '메시지'
로 해석된다. 장관이 전면에서 뛰는 선수라면, 대통령은 선수 명단

과 포지션을 정하는 셈이다.

하지만 외교부장관을 단순한 '실무 총괄'로만 보긴 어렵다. 중요한 사안일수록 장관은 대통령에게 보고하고, 여러 선택지를 제시하며 설득해야 한다. 정보를 모으고 분석해 정책 대안을 만드는 단계부터 장관의 색깔이 드러난다. 대통령이 최종 결정을 내리더라도, 어떤 정보가 어떤 프레임으로 올라갔는지에 따라 결론이 달라질 수 있다. 여기서 장관의 경험과 인식이 큰 영향을 미친다.

결국 외교부장관과 대통령은 외교라는 같은 악보를 놓고 다른 파트를 맡아 연주하는 관계에 가깝다. 대통령이 전체 곡의 분위기와 속도를 정한다면, 장관은 각 파트의 음을 맞추고 박자를 맞춘다. 둘 중 어느 한쪽만 잘해서는 외교가 굴러가지 않는다. 한국 외교를 이해하고 싶다면 대통령의 한마디와 외교부장관의 한 줄 브리핑을 함께 읽어야 하는 이유가 여기에 있다.

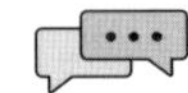

국정원의 정보력이 외교력을 더한다

한국에서 가장 베일에 싸인 직업을 꼽으라면 많은 사람이 '국정원 요원'을 떠올린다. 신문에도 잘 안 나오고, 인사 이동 기사도 거의 없고, 얼굴이 공개되는 일은 더더욱 드물다. 그래서인지 영화 속 국정원 이미지만으로 상상하는 경우가 많다. 그런데 국정원의 정보력은 생각 이상으로 외교와 맞닿아 있다. 외교의 앞줄에서 대통령과 외교부가 움직인다면, 국정원은 뒤에서 판의 지형을 미리 읽고 알려 주는 역할을 맡는다.

국정원의 핵심 임무는 국가안보와 관련한 정보를 모으고 분석하는 일이다. 북한 내부 동향, 주변국의 군사 움직임, 테러와 사이버 공격 징후, 주요국의 정치·경제 변화 같은 것들이 주요 타깃이다. 외교를 한다는 것은 결국 상대의 계산을 읽는 일인데, 국정원이 그 계산의 재료를 제공하는 셈이다. 어느 나라 정권이 언제까지 버틸 것 같고, 어느 쪽 세력이 힘을 얻는지, 물밑에서 어떤 합종연횡이 벌어지는지 파악한 정보가 있어야 외교 전략도 수립할 수 있다.

만약 국정원에서 일하고 싶다면 어떻게 해야 들어갈 수 있을까? 구체적인 채용 과정은 공개 범위에 한계가 있지만 큰 틀은 생각보다 평범하다. 공개 채용 공고를 내고, 필기시험과 면접, 신원조사를 거쳐 뽑는다. 국정원 요원 중에는 국제정치, 지역 연구, 어학, 정보통신, 사이버 보안, 수학 및 통계처럼 분석에 필요한 전공을 가진 사람이 많다. 영화와 달리 국정원은 '총을 잘 쏘는 사람'보다 '정보를 잘 읽고 다루는 사람'이 더 중요하다. 언어와 숫자, 사람과 시스템을 동시에 다룰 수 있는 사람이 오래 남는다.

현실 속 국정원 업무는 영화와 거리가 있다. 스파이 영화에서는 추격전, 변장, 잠입 작전이 화면을 채운다. 반면 실제 국정원에서는 책상 위 자료, 통신 기록, 위성 사진, 외신과 현지 보고를 겹겹이 쌓아 큰 그림을 그리는 일이 훨씬 많다. 물론 현장 활동도 하지만, 그 마저도 치밀한 법적·외교적 계산 속에서 이뤄진다. 총성보다 중요한 건 한 줄짜리 정보 메모고, 치열한 총격전보다 더 무거운 건 분석 보고서 한 건일 때가 많다.

외교와의 연결 고리는 여기서 나온다. 국정원은 수집한 정보를 바탕으로 청와대와 외교·안보 라인에 분석 결과를 넘긴다. 예를 들어 어느 나라 정권의 안정성이 흔들리는지, 현재 벌이는 군사훈련이 단순 시위인지 도발 준비인지, 특정 정상의 최측근이 누구인지 같은 정보가 외교 전략과 의전, 메시지에 반영된다. 정상회담 한 번을 준비할 때도 정보기관 보고가 여러 차례 오간다. 상대국이 지금 가장 예민하게 바라보는 이슈가 무엇인지, 내부 여론이 어떤지를 모르면 제대로 된 합의문이 나오기 어렵다.

또 하나 중요한 영역이 사이버 공격과 테러에 대한 대응이다. 외교 공간은 이제 물리적 공간을 넘어 디지털 영역까지 확대됐다. 선거 개입 시도, 사이버 공격, 가짜뉴스 유포 같은 회색 지대 위협을 탐지하고 차단하는 일도 국정원이 맡는다. 이런 정보는 그대로 외교 현안으로 이어진다. 어느 국가가 배후인지, 어떤 수준의 대응이 적절한지에 따라 소환, 항의, 제재 같은 외교 카드가 결정되기 때문이다.

물론 국정원이 항상 긍정적인 모습만 보여온 것은 아니다. 정치권이 국정원을 국내 정치에 끌어들인 사례들이 있었고, 정보기관이 국민을 상대로 여론전을 벌인 일도 있었다. 정보는 힘이고, 힘은 유혹을 부른다. 정보기관이 본연의 임무에서 벗어나면 결국 국격과 신뢰가 훼손되고, 외교력 자체도 타격을 입는다. 정보 왜곡과 오·남용은 내부적으로는 민주주의를 해치고, 외부적으로는 동맹과 파트너의 신뢰를 떨어뜨린다.

따라서 국정원은 앞으로 더 투명한 통제와 더 전문적인 정보력이라는 두 축을 동시에 잡아야 한다. 정치의 손길에서 거리를 두고, 냉정한 사실과 분석만으로 판단하는 조직일 때 외교도 힘을 얻는다. 외교는 겉에서 보이는 문장과 악수로 완성되지 않는다. 보이지 않는 곳에서 누가 얼마나 정확한 정보를 쥐고 있는지, 그 정보를 얼마나 책임 있게 쓰는지가 결국 국력 차이를 만든다. 국정원의 정보력이 외교력을 더한다는 말은, 바로 그 보이지 않는 저울 위에서 입증되는 문장이다.

대통령이 해외 순방을 떠나는 이유

대통령 내외가 비행기에 오르기 전에 카메라를 보고 환하게 인사한다. 이 모습을 보며 응원하는 시민도 많지만, 누군가는 혀를 끌끌 차며 "해외여행 다니려고 대통령 됐나?"라고 말하기도 한다. 요즘같이 기름값 비싼 세상에 굳이 저렇게까지 나가야 하나, 전화 통화하고 화상회의하면 되지 않나, 하고 말이다. 일정표를 보면 이해가 더 안 된다. 대통령 나이는 보통 환갑을 넘었는데, 말도 안 되는 시차 속에서 강행군을 펼친다. 한 나라에 하루이틀 머무르고는 곧바로 다음 나라로 넘어가는 일정이 이어지는 것을 보면 굳이 그렇게 힘들게 다녀야 하나싶다.

국민들의 다양한 생각과 우려에도 대통령은 꾸준히 해외 순방을 떠난다. 사실 대통령이 비행기에 타고 직접 상대국 땅을 밟는 행위 자체가 외교적 언어다. 단순한 인사치레가 아닌 것이다. 한 나라의 정상은 하루 스케줄 중 단 5분도 그냥 채워 넣지 않는다. 상대국을 찾는다는 건 그 나라를 파트너로 인정한다는 뜻이고, 그 나라가 정치적으로 안정돼 있고, 경제·안보 협력을 더 높일 의지가 있다는 신호다. 그래서 정상 방문은 말 그대로 '최고 등급의 우정 표시'에 가깝다.

전화 통화와 화상회의가 많아졌다고 해도, 얼굴을 맞대고 나누는 대화는 여전히 체감이 다르다. 더욱이 양 수뇌부가 말이 통하지 않더라도 손을 맞잡으며 웃음을 보이는 것만으로도 시사하는 바가 크다. 일정표에는 공식 회담 시간이 1시간으로 적혀 있을지 몰라도, 진짜 중요한 얘기는 회담장 들어가기 전 대기실에서, 만찬장 옆 소회의실에서, 잠깐 이동하는 시간에 오갈 때도 많다. 통역이 한 박자 늦게 따라붙는 선화 외교로는 이런 미묘한 공기를 만들기 어렵다. 악수하는 힘, 눈을 마주치는 시간, 농담 한마디에 상대가 어떻게 웃는지까지 보는 자리가 정상 외교다.

정상 방문 형식도 의미가 다르다. 국빈 방문, 공식 방문, 실무 방문처럼 이름이 조금씩 다른데, 거기에 맞춰 의전과 의제가 달라진다. 예를 들어 국빈 방문이라면 의회 연설, 환영식, 국빈 만찬이 따라붙고, 양국 관계를 한 단계 격상시키겠다는 메시지가 깔린다. 일정 하나하나가 '우리는 이 정도로 가까운 사이'라는 신호가 된다.

가장 최근의 국빈 방문을 살펴보자. 2025 경주 APEC 기간에 대한민국을 국빈 자격으로 찾은 도널드 트럼프 미국 대통령과 시진핑 중국 국가주석이 그 주인공이다. 두 사람 모두 단순한 APEC 회의 참석자가 아니라, 이재명 대통령의 초청에 따라 공식 환영식, 의장대 사열, 국빈 만찬까지 갖춘 최고 수준 의전이 준비된 '국빈 방문' 일정을 소화했다. 트럼프 대통령은 한미 정상회담을 통해 관세·투자·안보 동맹 현안을 묶어 논의했고, 시진핑 주석은 11년 만의 방한으로 한중 관계를 재가동하고 전략적으로 협력하는 동반자 관계를 재정비한다는 상징성을 안고 경주를 찾았다.

대통령의 해외 순방은 안전 문제와도 연결된다. 전쟁 위기나 내전, 쿠데타 가능성이 높은 나라는 정상이 방문하기가 쉽지 않다. 반대로 대통령이 직접 방문한다는 건 그 지역이 일정 수준의 안전과 예측 가능성을 갖추고 있다는 방증이기도 하다. 관광객이나 투자자 입장에서도 '저 나라에 우리나라 대통령이 다녀갔다'라는 사실은 작은 안도감을 준다. 외교 일정이 일종의 '안전 인증서' 역할을 하는 셈이다.

다자 회의를 위한 순방도 빼놓을 수 없다. G20, APEC, 유엔 총회 같은 자리는 각국 정상이 한꺼번에 모이는 거대한 외교 장터다. 공식 의제는 '세계경제, 기후 위기, 안보' 등으로 붙어 있지만, 옆방에서는 양자 회담이 숨 가쁘게 돌아간다. 대통령이 한 번 해외에 나가면 수십 건의 회담과 만남이 줄줄이 이어지는 이유가 여기에 있다. 한 도시, 한 호텔에서 여러 나라 정상과 장관을 '몰아서' 만날 수 있는 기회가 바로 이런 회의다.

대통령의 순방에는 언제나 '세일즈 외교'라는 말이 따라붙는다. 방위산업, 원자력발전, 인프라, 반도체 같은 굵직한 사업은 기업이 혼자 밀어붙이기 어렵다. 상대국 정상과의 합의문, 양해각서, 공동선언이 깔려 있어야 민간 계약이 뒤에서 힘을 받는다. 대통령이 앞에서 문을 열어주고 기업이 그 안으로 들어가 계약을 따내는 구조가 점점 더 중요해지고 있다. 외교와 경제가 한몸처럼 움직이는 지점이다.

그리고 잘 드러나지 않지만, 대통령 해외 순방에는 늘 '내 사람 챙기기'라는 숨은 일정이 붙어 있다. 교민 간담회, 유학생 간담회, 진출 기업인 간담회 같은 일정이다. 낯선 땅에서 버티고 있는 교민과 노동자, 주재원, 유학생들에게 대통령의 한마디는 생각보다 큰 힘이 된다. '여러분이 여기서 애쓰는 걸 본국이 알고 있다'라는 메시지를 직접 전하러 가는 셈이다.

쉬어 가기 코너에서 굳이 거창하게 결론을 맺을 필요는 없겠다. 다만 뉴스를 통해 대통령의 해외 순방을 다시 볼 때 단지 관광이 뒤섞인 출장으로만 여기지 않았으면 한다. 활주로를 떠나는 한 대의 전용기 안에는 국익 계산, 신뢰의 메시지, 기업의 기회, 해외에 흩어져 있는 우리 국민의 마음까지 함께 실려 있다. 얼굴을 직접 보자는 말이 여전히 통하는 세계에서 대통령의 순방은 아직도 유효한 외교 도구다.

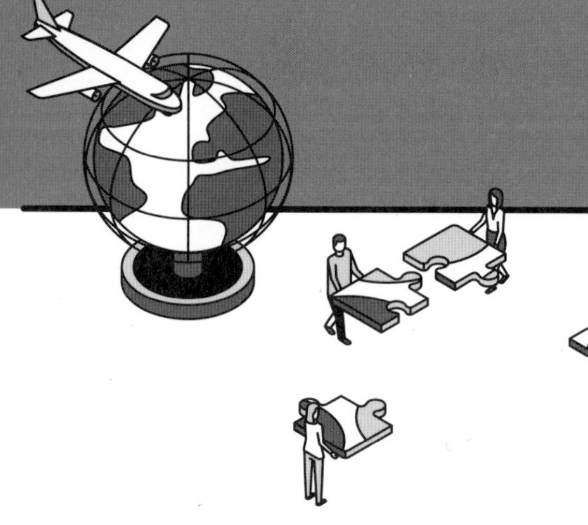

3. 지금 외교가 필수인 이유

대한민국은 혼자 살아갈 수 없다

우리나라 국토는 전 세계를 돌아봐도 참으로 오묘하다. 삼면이 바다인데 북쪽은 휴전선으로 막혀 있다. 철도를 통해 대륙으로 뻗어 나가고 싶지만, 아직도 북한과 휴전 상태이니 어찌할 도리가 없다. 바다를 건너지 않고는 어디로도 갈 수 없는 구조여서 '섬나라 같은 반도'다. 이런 지리 조건만 봐도 대한민국은 애초에 혼자 버티기 어려운 운명을 안고 출발했다고 봐야 한다.

인구 규모만 봐도 그렇다. 2025년 기준 한국 인구는 대략 5,100만 명이다. 숫자만 보면 적지 않지만, 거대한 공장과 연구소, 서비스 산업을 내수 시장만으로 모두 떠받치기에는 빠듯한 규모다. 일반적으로 미국, 일본처럼 1억 명을 훌쩍 넘거나 중국과 인도처럼 10억 명을 넘는 나라들은 국내 소비만으로도 충분히 먹고살 만한 규모의 경제를 만들 수 있다. 경제학자들이 '큰 내수 시장을 가진 국가는 그 자체로 규모의 경제를 누릴 수 있다'라고 말하는 이유가 여기서 나온다. 한국은 그 경계선보다 한참 아래에 있는 나라다.

게다가 인구구조가 '내수만으로도 먹고사는 나라'와는 정반대 방향으로 가고 있다. 인구가 늘지도 않고, 출생아 수가 자꾸 줄어든다. 덕분에 고령화가 빠르게 진행 중이다. 일본은 1970년대 후반 '고령사회'에 진입해 수십 년에 걸쳐 서서히 초고령화로 갔다. 반면 한국은 2000년에야 고령화사회(65세 이상 7%)가 됐는데, 2018년에 벌써 고령사회(14%)를 찍고 2025년 전후에는 초고령사회(20%)에 들어설 전망이다. 일본이 노인 비중 7%에서 14%로 가는 데 약 24년이 걸렸다면, 한국은 같은 구간을 18년 안에 통과한 셈이다. 세계에서 가장 빠른 속도라는 말은 결코 과장이 아니다. 준비할 시간은 짧은데, 부양해야 할 인구는 일본 못지않게 가파르게 늘어나는 구조다. 젊은 층이 줄어드는 나라는 소비가 둔해지고, 혁신 산업에 필요한 인력 공급도 팍팍해진다. 인구가 많지 않고, 그마저도 늙어가는 나라가 선택할 수 있는 길은 결국 국경 밖으로 눈을 돌리는 것뿐이다.

자원 사정은 더 박하다. 한국은 석유도, 가스도, 광물도 풍족하지 않다. 에너지 대부분을 수입에 의존하고, 핵심 산업에 필요한 원자재도 바다 건너에서 들여온다. 땅속에서 나오는 것보다 바다 건너에서 들어오는 것이 훨씬 많은 나라다. 곡물 자급률도 높지 않다. 암울한 조건에서 '자급자족'은 애초에 선택지가 아니다. 수출로 외화를 벌어서 에너지와 식량, 원자재를 사 와야 하는 구조가 대한민국 경제의 기본 틀이다.

한국의 무역 의존도는 우리가 처한 현실을 또렷하게 보여준다. 수출과 수입을 모두 더한 규모가 국내총생산_{GDP}에서 차지하는 비중은 최근 몇 년간 90% 안팎까지 올라갔다. 국민이 벌어들이는 소득과 나라 경제의 크기가 거의 전부 바깥세상과의 거래를 통해 결정된다는 뜻이다. 바다를 건너 나가는 컨테이너와 유조선이 멈추면 공장과 가게의 불도 함께 꺼질 수밖에 없는 구조다.

그래서 한국 경제에서 수출은 선택이 아니라 생존 조건이다. 반도체, 자동차, 조선, 배터리, 스마트폰 같은 대표 산업을 떠올려보면 대부분 해외시장을 향해 서 있다. 내수만 보고 공장을 짓는 회사는 거의 없다. 결국 해외 소비자가 한국 제품을 사주어야 국내 일자리와 세수, 복지도 돌아간다. 수출이 흔들리면 주가뿐 아니라 지방 공장, 동네 자영업까지 연쇄적으로 타격을 받는 이유가 여기에 있다.

안보 측면에서도 대한민국은 혼자 설 수 있는 나라가 아니다. 북쪽에는 핵·미사일 능력을 가진 북한이 있고, 주변은 중국, 일본, 러시아라는 강대국이 둘러싸고 있다. 바다를 통해 에너지와 식량, 핵심 원자재를 들여와야 하는 나라가 해상 교통로까지 위협받는 순간 경제와 안보는 한꺼번에 흔들린다. 그래서 동맹과 안보 협력, 다자 안전 보장 체제는 한국에 '있으면 좋은 옵션'이 아니라 '없으면 버티기 힘든 장치'에 가깝다.

대한민국이 혼자 살아갈 수 없다는 말에 너무 비관적일 필요는 없다. 현 상황을 알아야 타개할 방법도 찾을 것 아니겠는가? 오히려 한국이 선택한 생존 방식, 즉 개방과 연계, 분업과 협력의 길을 객관적으로 분석했으니 잘 해결해가면 될 뿐이다. 우리는 바깥세상과의 교역을 통해 성장했고, 안보도 동맹과 국제 규범 위에서 지켜왔다. 사면초가를 피하려면 외교의 지평을 넓히고, 국익을 지키려면 세계와 엮이는 방법을 더 정교하게 다듬으면 될 문제다.

문제는 단순해진다. '혼자 살 수 없다'라는 전제를 인정한다면, 남은 것은 '그렇다면 누구와, 어떻게 손을 잡을 것인가'를 생각하는 것이다. 대한민국이 처한 지리·인구·자원 조건을 직시하는 순간 외교가 왜 거창한 구호가 아니라 일상과 직결된 생존 기술인지가 조금 더 분명해진다.

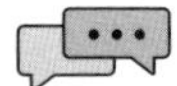

외교에 실패하면 경제가 무너진다

외교적 위험을 언급하면 보통 안보부터 떠올리지만, 한국 같은 나라는 경제가 더 먼저 흔들린다. 자원이 부족하고 에너지와 곡물, 원자재는 대부분 수입에 의존한다. 먹고사는 건 수출로, 필요한 건 수입으로 해결하는 구조다. 바깥세상과의 관계가 조금만 꼬여도 한국 경제는 곧바로 기침을 한다.

IMF 외환 위기를 떠올려보자. 표면적 문제는 금융과 기업의 구조였지만, 결국은 '대외 신뢰 상실'이 위기를 폭발시켰다. 해외 자본이 한꺼번에 빠져나가고 외국 은행들이 돈줄을 죄자 단기간에 숨이 막혀버렸다. 위기 관리 과정에서도 어느 나라와 어떻게 협력하고, 어떤 조건으로 도움을 받느냐는 외교 협상력이 핵심이었다. 국경 밖의 신뢰를 잃으면 안에서 아무리 버티려 해도 그러기가 어렵다는 사실을 보여준 사건이다.

일본의 소·부·장(소재, 부품, 장비) 수출 규제 사태는 더 직접적이다. 한일 관계가 악화되자 일본이 반도체·디스플레이 핵심 소재 수출을 틀어쥐었다. 한국 공장의 기계를 멈출 수도 있는 카드를 실제로 꺼낸 것이다. 우리 기업은 단기간에 재고를 돌려 막고 정부는 국산화와 수입선 다변화에 올인했다. 그 과정에서 잘 버텨냈다고 해서, 처음부터 외교가 꼬이지 않았으면 겪지 않아도 됐을 비용이 사라지는 것은 아니다. 감정 악화가 경제 리스크로 바로 번질 수 있다는 경고였다.

최근 일어난 미국과 중국의 무역 전쟁도 마찬가지다. 한국이 싸움을 건 것도, 관세 폭탄을 터뜨린 것도 아니다. 그런데 미국과 중국이 서로를 향해 관세 장벽을 쌓자 그 한가운데 있는 한국 수출 기업이 직격탄을 맞았다. 반도체, 디스플레이, 중간재를 양쪽에 공급하는 구조여서 어느 한쪽이 삐끗하면 주문이 줄어든다. 강대국 외교가 삐걱거릴 때 중간에 낀 나라는 줄타기를 잘해야만 피해를 줄일 수 있다. 외교 혼선이 곧 공급망 혼선으로 번지는 시대다.

세 사례의 공통점은 분명하다. 외교가 어긋나거나 외교 환경이 급격히 나빠지면 가장 먼저 흔들리는 영역이 수출과 수입, 금융, 투자라는 점이다. 한국처럼 무역 의존도가 높은 나라에서 외교 실패는 곧 경제 실패로 이어질 위험이 크다. 국경 밖의 평판, 신뢰, 협력망이 보이지 않는 안전판 역할을 한다.

그래서 한국에는 외교가 사치스러운 선택지가 아니다. 안보만 지키는 기술인 것도 아니다. 외교를 잘하면 시장이 넓어지고, 기술 협력이 늘고, 위기 때 도와줄 손이 많아진다. 반대로 외교를 그르치면 컨테이너가 멈추고, 공장 라인이 느려지고, 일자리와 소득이 줄어든다. '외교에 실패하면 경제가 무너진다'라는 말은 과장이 아니라 이미 우리가 겪어본 현실에 가깝다.

'한강의 기적'은 외교에서 비롯됐다

'한강의 기적'이라는 말이 잊혔다. 어느새 당연해진 새하얀 공장 굴뚝, 땅끝 마을까지 금세 도달하는 고속도로, 전국 어디에나 있는 아파트 숲이 한강의 기적을 대표한다. 한국전쟁 직후만 해도 한국은 세계에서 가장 가난한 나라 가운데 하나였고, 인구는 많지, 자원은 없지, 산업 기반도 거의 없었다. 황폐한 상태에서 오늘의 한국으로 건너온 다리는 결국 밖으로 향한 손, 외교의 손이었다고 봐야 한다.

전쟁이 끝난 뒤 한국이 처음 기댄 건 국제 원조였다. 미국과 유엔이 제공한 식량, 자본, 기술 지원이 최소한의 숨통을 틔워줬다. 단순한 동정이 아니라 냉전 구조 속에서 맺어진 정치·군사동맹의 결과였다. 그 동맹이 있었기에 공짜 밀가루를 넘어 발전 자금과 인프라 투자로 연결될 수 있었다. 외교가 안전망을 깔아준 셈이다.

1960년대 이후 본격화한 도약은 노골적으로 말해 외교의 산물이었다. 일본과 수교를 맺고 받은 자금이 포항제철, 경부고속도로 같은 국가 기간산업으로 흘러들어 갔다. 감정적으로는 쉽지 않은 선택이었지만, 국익 차원에서 '미운 이웃과도 손을 잡아야 한다'라는 냉정한 계산이 작동했다. 외교적 한 수가 철강, 도로, 전력이라는 카드로 바뀐 것이다.

베트남전쟁 참전도 마찬가지다. 수많은 논쟁을 낳은 선택이었지만, 그 대가로 한국 기업은 해외 공사와 군수물자, 달러 수입 길을 열었다. 미국과의 관계는 더 난난해졌고, 그만큼 금융·기술·시장 접근에서도 우대받을 수 있었다. 젊은 노동력과 값싼 인건비만으로는 불가능한 일이었다. 외교가 아니었다면 '세계 속 한국'이라는 좌석 자체를 배정받지 못했을 것이다.

이렇게 쌓인 외교 자본 위에서 수출 주도 산업화가 시작됐다. 의류, 신발 같은 경공업에서 출발해 자동차, 조선, 전자, 반도체로 넘어가는 동안 한국 기업은 언제나 해외시장을 바라보고 움직였다. 관세를 낮추고, 수출금융을 늘리고, 통상 마찰을 조율하는 일은 모두 정부의 외교 라인이 맡았다. 공장 안에서의 땀방울만으로는 불가능했고, 회의장과 협상장에서의 싸움이 함께 있었기에 가능한 궤적이었다.

세계화의 파도를 타는 과정에서도 외교는 계속 필요했다. 한국은 각종 통상 협정, 다자 무역 체제, 투자 협약 속에서 '규칙을 지키면서도 최대한 이익을 뽑아내야 하는 나라'였다. 시장에 진출할 수 있는 길을 넓히고, 분쟁이 생기면 외교 채널로 봉합해가며 한 발 한 발 전진해왔다. 한강 변 공장이 세계 시장과 직결되도록 선을 이어온 작업이 바로 외교였다.

그래서 '한강의 기적'을 노동자들의 근면성과 기업가 정신만으로 설명하면 반쪽짜리가 된다. 밖으로 향해 열린 문을 누가 어떻게 만들어냈는지까지 같이 봐야 그림이 완성된다. 외교는 화려한 수사나 의전의 문제가 아니라, 결국 어느 나라 돈과 기술, 시장이 우리와 연결될지 결정하는 기술이었다. 한강 변의 불빛은 공장만이 아니라 외교 테이블에서도 함께 켜졌다는 사실을 기억할 필요가 있다.

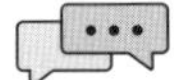

부족함을 메울 '업셋'의 기회

스포츠에서 약팀이 강팀을 꺾을 때를 사람들은 '업셋'이라고 부른다. 외교에도 비슷한 순간이 있다. 국력으로 따지면 도저히 이길 수 없을 것 같은 판에서, 제갈량 뺨치는 전략과 임요환의 벙커 러시 같은 타이밍으로 판을 비틀어 자기 몫을 훨씬 크게 가져가는 경우다. 힘의 서열이 분명한 국제사회에서 약소국이 쓸 수 있는 몇 안 되는 역습 카드가 바로 외교라는 점에서, 업셋이라는 말은 딱 맞는 표현이다.

강대국 입장에서 외교는 대개 '힘을 관리하는 기술'에 가깝다. 군사력과 경제력을 뒤에 깔고, 외교 협상에서는 그 힘을 조금씩 꺼내 보여주며 이득을 챙긴다. 제국주의 시절에는 이런 구조가 노골적인 식민지 경영으로 이어졌다. 석유가 필요하면 산유국을 압박하고, 항로가 필요하면 항구를 빼앗았다. 겉 표정은 협상이었지만 실상은 통보에 가까운 경우가 많았다.

그렇다고 약한 나라가 외교에서 영원한 들러리로만 남는 것은 아니다. 약하다는 사실을 차분히 인정한 뒤, 그 부족함을 메우기 위해 외교를 정교하게 쓰는 나라들이 있다. 예를 들어 싱가포르는 땅도 좁고 인구도 적고 자원도 거의 없는데, 외교와 통상 전략으로 세계 물류와 금융의 결절점을 만들어냈다. 미국과 중국, 주변 동남아 국가들 사이에서 치우치지 않으면서도 누구에게나 필요한 항구와 금융 허브로 자리 잡았다. 힘이 아니라 위치와 신뢰, 규칙을 팔아 성장한 전형적인 업셋이다.

이스라엘도 다른 의미에서 업셋의 교과서에 가깝다. 국토가 작고 안보 환경이 험하지만, 미국과의 긴밀한 외교 관계, 유럽과의 과학·기술협력, 주변국과의 제한적 관계 정상화를 동시에 추진하면서 기술 강국 지위를 확보했다. 외교가 안보 불안을 완전히 없애지는 못했지만, 불안을 기술과 투자 유치, 방산 수출로 전환하는 데 성공했다.

베트남 역시 흥미로운 사례다. 전쟁의 상처가 채 아물기도 전에 개혁·개방을 선언하고, 미국과 수교하고, 주변 대국들과 경제협력을 본격화했다. 냉전 시대에는 전장의 한복판이었지만 지금은 공장과 항만을 중심으로 글로벌 생산망의 중요한 축이 됐다. 고립을 선택했다면 도저히 나올 수 없는 결과다.

이런 나라들의 공통점은 단순하다. 스스로 한계를 정면으로 보고, 외교를 통해 그 빈틈을 메울 파트너를 골라 붙였다는 점이다. 인구가 적으면 시장을 빌리고, 자원이 없으면 기술과 금융을 내세우고, 안보가 취약하면 동맹과 협력을 촘촘히 엮는다. 약점이 곧 전략의 출발점이 되는 셈이다. 형세가 불리할수록 고육지책이 아니라 묘수에 가까운 선택이 필요하고, 그 묘수를 현실로 만드는 도구가 외교다.

대한민국 역시 예외가 아니다. 자원이 부족하고 인구는 많지 않고 지정학은 험하지만, 수출과 동맹, 다자 협력을 엮어 여기까지 왔다. 강대국이 아닌 나라가 세계 시장과 외교 무대에서 업셋을 노릴 수 있는지 궁금하다면 싱가포르와 이스라엘, 베트남 같은 사례를 떠올리면 된다. 부족함을 감추려 할수록 판에서는 더 약해지고, 부족함을 정면으로 인정하고 외교로 메우려 할수록 업셋의 가능성은 커진다. 약소국에 외교는 사치가 아니라, 판도를 뒤집을 수 있는 거의 유일한 역전 카드다.

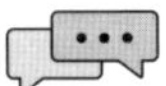

든든한 우방과 약한 연결 고리로 안보 동맹

지난 20세기에 인류는 제1·2차 세계대전의 아픔과 대학살을 겪었다. 그 후유증은 아직도 이어지고 있고, 전쟁의 위협은 사라지지 않았다. 하나의 국가가 다른 한 나라와 싸운 후 깔끔하게 끝내는 시대는 이제 지나버렸다. 베트남전쟁 때 미국과 소련은 각자 편을 갈라 뛰어들었다. 21세기에 발발한 우크라이나 전쟁에서도 미국과 유럽이 우크라이나 편에, 중국과 북한이 러시아 편에 서서 보이지 않는 줄다리기를 하고 있다. 총을 쏘는 손은 하나처럼 보이지만, 그 뒤에는 여러 나라의 이해관계가 뒤엉켜 있다.

대한민국은 그 한복판에 서 있는 나라다. 핵과 미사일을 가진 북한과는 아직까지도 종전이 아니라 휴전 상태이고, 군사분계선을 사이에 두고 마주하고 있다. 세계에서 전쟁 가능성이 높은 분쟁 시대를 꼽을 때마다 한반도가 빠지지 않는 이유다. 이 상황에서 외교를 경제 문제로만 볼 수 없는 이유가 여기에 있다. 안보 외교를 잘못하면 전쟁 위험이 커지고, 반대로 안보 외교를 잘 짜두면 싸움이 날 상황도 비껴갈 수 있다.

그래서 한국에 미국은 단순한 파트너가 아니라 말 그대로 든든한 우방이다. 한미동맹은 유사시 미군이 개입하고 군사 정보와 작전 계획을 공유하는 틀이다. 미군 기지, 연합 훈련, 미사일 방어 체계처럼 눈에 보이는 것뿐 아니라, 보이지 않는 정보 공유와 전략 조율까지 포함한다. 동맹이란 결국 '우리 둘이 한 배에 탔다'라는 약속인데, 한국처럼 안보 환경이 험한 나라일수록 그 약속의 무게는 더 커진다.

그렇다고 한 나라만 믿고 있는 것도 위험하다. 약하지만 넓게 퍼져 있는 연결 고리들도 중요하기 때문이다. 일본, 호주, 유럽의 여러 나라, 아세안 국가들과 맺는 안보 협력, 무기 수출과 공동 훈련, 사이버 안보 협의 같은 것들이 여기에 속한다. 평소에는 느슨하게 움직이는 네트워크처럼 보이지만, 위기 때는 제재 공조, 후방 지원, 외교적 지지로 바뀔 수 있다. 강한 줄 하나에만 매달리는 대신 가느다란 줄 여러 개를 엮어 그물을 만드는 셈이다.

안보 동맹은 총알이 날아다닐 때만 작동하는 것이 아니다. 평소 얼마나 자주 만나고, 얼마나 솔직하게 정보를 나누고, 얼마나 자주 함께 훈련하느냐에 따라 실전에서의 신뢰가 갈린다. 외교관과 군인, 정보기관이 뒤에서 끊임없이 교류해야 '진짜 위기에서 같이 움직일 수 있는지'가 시험대에 오른다. 겉으로는 조용해 보여도, 회의실과 통신망에서는 늘 안보 동맹의 줄을 조이고 있어야 한다.

대한민국은 혼자서도 버틸 수 있는 나라가 아니다. 자원도, 지정학도, 인구구조도 그렇게 되어 있지 않다. 그래서 안보 동맹은 선택이 아니라 생존 전략이다. 미국 같은 든든한 우방과의 줄을 굵게 잡으면서도 다른 나라들과의 연결 고리를 촘촘히 깔아두는 것, 그것이 한반도에서 전쟁 가능성을 한 칸이라도 뒤로 미루는 방법이다. 외교는 그 그물을 짜는 작업이고, 안보 동맹은 그물의 가장 중요한 뼈대다.

삼국시대에는 어떻게 외교했을까

이 작은 한반도 안에서도 여러 나라가 피 터지게 싸웠던 시기가 있다. 역사를 배우는 후세 입장에서는 '같은 한민족인데 왜 그리 싸웠던 걸까?'라고 의아하겠시만, 시금처럼 하나의 나라가 될시 누가 알았겠는가? 그러나 신기한 점은 고구려, 백제, 신라가 서로 창과 방패를 겨누던 시대에도 칼끝만 마주치는 것이 아니라 외교 채널을 총동원해 살아남을 길을 찾았다는 것이다. 한반도 주변에는 중국 왕조와 유목 세력, 바다 건너 왜까지 얽혀 있었고, 이 힘의 지형을 어떻게 활용하느냐가 나라의 흥망을 가르는 문제였다.

드넓은 영토를 거느렸던 고구려는 한마디로 '대륙형 외교'의 대표였다. 한반도 북부와 만주 일대를 장악한 뒤에는 중국 왕조와 부딪치면서도 동시에 거래를 했다. 조공을 올리고 책봉받는 형식을 취해 제도권 안으로 들어가면서 뒤로는 국경 지대에서 맞부딪치는 식이었다. 명분상으로는 중국 황제에게 예를 갖추지만 실제로는 독자 노선을 타는 이중적인 태도였다. 수나라, 당나라와의 전쟁도 이런 맥락에서 나왔다. 전면전 직전까지는 외교 사절이 오가며 기싸움을 벌였고, 그 과정에서 고구려는 주변 유목 세력과도 느슨하게 연대하려 했다. 힘이 있으니 가능한 '강대국형 줄타기 외교'였다.

고구려에서 외교를 가장 노련하게 다뤘던 왕을 꼽으라면 장수왕을 들고 싶다. 장수왕은 수도를 국내성에서 평양으로 옮겨 남쪽으로 세력 중심을 이동하며 중국 남북조 사이에서 절묘한 줄타기를 했다. 북위 및 유송과 교대로 우호 관계를 맺어 서로 견제하게 만들고, 백제 및 신라와는 전쟁과 동맹을 적절히 섞어 한반도에서 주도권을 잡았다. 주변 강국 모두를 정면의 적으로 돌리기보다는 관계를 갈라치기하며 고구려에 유리한 판을 만들어낸 점에서 외교 감각이 돋보이는 군주라 할 수 있다.

곡창지대를 보유했던 백제의 외교는 고구려와 방향이 조금 달랐다. 한반도 서남부에 기반한 백제는 바다를 적극 활용했다. 중국 남조와 교류하며 문물과 제도를 들여왔고, 일본열도와는 일찌감치 밀접한 관계를 맺었다. 학자와 기술자를 일본에 보냈고, 불교와 한자를 전하는 통로 역할도 직접 맡았다. 요즘 표현을 쓰면 일종의 '문화 외교', '기술 외교'를 한 셈이다. 영토 크기와 군사력이 고구려보다 약한 만큼, 해상 네트워크와 문화적 영향력을 통해 존재감을 키웠다고 볼 수 있다.

백제에서 외교를 가장 영리하게 활용한 왕으로는 무령왕이 자주 꼽힌다. 무령왕은 한강 유역을 잃은 뒤에도 해상 네트워크를 살려 중국 남조 양나라와 적극 교류했고, 왜와는 왕자 파견, 기술·불교·문화 교류를 통해 '형님 국가'처럼 영향력을 행사했다. 육지에서 고구려와 신라에 밀리던 국력이 외교와 해상무역을 통해 다시 숨을 돌리게 된 시기가 바로 무령왕 대였다. 군사력만이 아니라 바다와 외교 문서를 무기로 삼아 백제의 존재감을 끝까지 유지해낸 점에서, 무령왕의 외교 감각은 삼국시대 전체를 통틀어도 손에 꼽힌다.

결국 삼국을 통일한 신라는 삼국시대 초반만 해도 소극적인 변방 국가에 가까웠다. 내륙 깊숙이 자리 잡은 탓에 해상 네트워크에서도 한 발 비켜 있었고, 초창기에는 고구려와 백제 사이에서 늘 눈치를 뵈야 했다. 그린네 이 약점을 성년으로 놀파하는 선택을 한다. 한때는 고구려와 손을 잡아 백제를 견제했고, 이후에는 당나라와 연합해 백제와 고구려를 차례대로 무너뜨렸다. 스스로 군사력만으로는 답이 안 나온다고 보고 외교 동맹으로 판을 뒤집은 셈이다. 덕분에 '나당(신라·당) 동맹'이라는 이름 아래 통일의 문턱까지 올라설 수 있었다.

신라 최고의 외교관은 통일신라의 주인공 태종 무열왕과 김춘추 아니었을까? 김춘추는 일찍부터 고구려와의 교섭에 나섰다가 실패하자 곧바로 당나라로 눈을 돌려 신라·당 동맹을 성사시켰다. 덕분에 신라는 당의 군사 지원을 등에 업고 백제를 먼저 무너뜨리고, 이후 고구려까지 당과 함께 압박해 한반도 삼국 통일의 길을 열었다. 작은 나라 신라가 초강대국 당나라와 손을 잡고 판도를 뒤집은 사건의 중심에 김춘추의 외교력이 있었다고 해도 과언이 아니다.

가야는 삼국만큼 스포트라이트를 많이 받지 않지만, 외교 무대에서는 꽤 중요한 조연이었다. 낙동강 유역의 여러 소국으로 이루어진 가야는 철 생산을 기반으로 성장했고, 이 철이 유용한 외교 수단이 됐다. 고구려와 백제, 신라뿐 아니라 왜와도 교류하며 무기와 도구를 제공했다. 강대국 사이에서 살아남기 위해 철이라는 전략 자원을 앞세워 이쪽저쪽 모두와 거래한 셈이다. 자원이 빈약한 오늘의 한국이 기술과 산업을 외교 카드로 쓰는 그림을 떠올리면, 가야의 선택이 꽤 현대적으로 보인다.

바다 건너 왜와의 관계도 빼놓을 수 없다. 왜는 한반도 남부와 긴밀히 얽혀 있었다. 백제와는 동맹으로 가깝게 지냈고, 가야와는 무역과 인적 교류가 활발했다. 왜 입장에서 한반도는 선진 문물을 배우는 창구였다. 한편 왜는 한반도 세력의 군사적·경제적 후방 기지 역할을 해주기도 했다. 하지만 왜가 언제나 우호적이지만은 않았고, 세력이 커질수록 한반도에 대한 침략과 간섭의 가능성이 나타나는 양면적 존재였다. 동맹이자 잠재적 위협이라는 복잡한 위치였다.

중국 왕조와의 외교는 삼국 모두의 숙제이자 기회였다. 조공과 책봉 체제 안으로 들어가면 공식적으로 '국가'로 인정받는 대신 형식상 신하 자리에 서야 했다. 삼국은 이 틀을 이용해 각자에게 유리한 외교전을 펼쳤다. 누구는 남조와 더 가깝게 지내며 북쪽 세력을 견제했고, 누구는 당과 손을 잡아 라이벌을 눌렀다. 한 왕조와 가까워지면 다른 세력이 견제에 나서는 '삼각 외교'가 끊임없이 반복됐다. 오늘날 미국과 중국, 일본 사이에서 한국이 벌이는 균형 외교의 원형이 이때부터 어렴풋이 보인다.

흥미로운 점은 삼국이 서로 칼을 겨누면서도 필요할 때는 손을 잡았다는 사실이다. 신라가 백제를 견제하기 위해 고구려와 잠시 손을 잡았다가, 다시 고구려가 부담스러워지자 당나라 쪽으로 기울어지는 식이었다. 외교의 세계에서는 영원한 우방도 영원한 적도 없다는 말이 삼국시대에도 그대로 적용됐다. 상황에 따라 손을 잡고 다시 등을 돌리는 '합종연횡'이 일상처럼 반복됐다.

삼국시대 외교를 이렇게 훑어보면 당시 사람들도 결국 우리와 비슷한 고민을 했다는 사실이 보인다. 힘은 부족한데 주변에는 강대국이 빽빽하고, 내부에서는 경쟁자가 끊임없이 치고 올라온다. 이 판에서 살아남으려면 칼만 갈아서는 안 되고, 누구와 손을 잡고 누구와 거리를 둘지 냉정하게 계산해야 한다. 고구려, 백제, 신라, 가야, 왜, 중국 왕조가 얽힌 한반도와 주변의 외교전은 오늘의 동북아 정세를 보는 데도 생각보다 많은 힌트를 준다.

아득한 1,500년 이전에 벌어졌던 외교의 역사를 살펴보면 참으로 재미있지 않은가? 삼국시대에 펼쳐진 외교는 그리 멀게 느껴지지 않는다. 당시부터 한반도의 정치는 늘 바깥 세력과의 관계를 빼고는 설명할 수 없었다. 오늘 우리가 보고 느끼는 외교 이야기는 사실 아주 오래된 고민의 연장선 위에 놓여 있다. 과거의 외교사를 훑고 나면 지금의 외교 뉴스가 조금 덜 낯설게 느껴질 것이다.

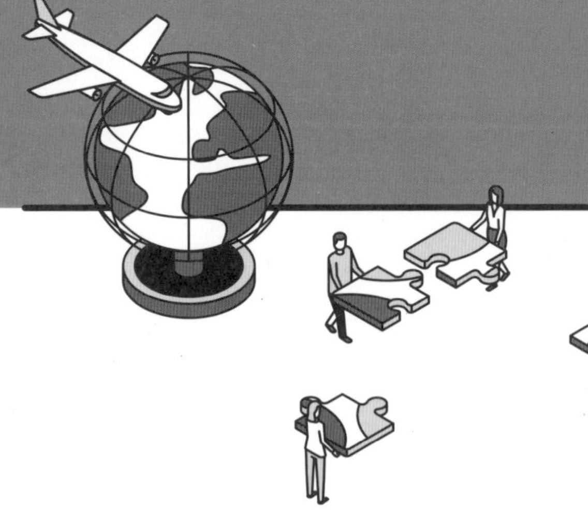

4. 우리 외교의 핵심 전략은 무엇인가

외교는 무조건 자국의 이익을 대변한다

여러 대통령이 정상회담을 끝낸 뒤 촬영한 사진을 보면 신기한 공통점이 있어 괜히 웃음이 나온다. 전날까지 말쑥하던 얼굴이 하루 사이에 몇 년은 늙어 보인다는 점이다. 악수 몇 번 하고 만찬 한 끼 나누었을 뿐인 듯한데 실상은 밤새 계산기를 두드린 흔적이 얼굴에 다 찍혀 있는 것이다. 외교 테이블은 결국 '누가 자기 나라 몫을 더 챙겨 가느냐'를 놓고 미리 싸움을 벌이는 자리다.

외교에서는 출발선부터 자국 이익을 향해 달린다. 국민들 눈에는 가끔 정부가 남의 나라 편을 들어주는 것처럼 보일 때가 있다. 하지만 진짜로 나라를 팔아먹을 생각이 아닌 이상, 남의 이익을 위해 자기 이익을 버리는 외교는 오래갈 수 없다. 정권이 달라지면 속도와 코스가 달라질 수도 있지만, 결승선은 항상 자국의 생존과 번영 쪽에 놓인다.

관건은 얼마나 내주고 얼마나 가져오느냐다. 통상 협정을 맺으면 수출 기업은 새 시장을 얻는 대신, 농업이나 일부 제조업은 값싼 수입품과 맞붙어야 한다. 국제 기후·환경 규범 안에 들어가면 기업의 비용이 높아지지만, 밖에 서 있으면 탄소 장벽과 제재를 감수해야 한다. 겉으로는 양보처럼 보여도, 속에서 돌아가는 계산은 대체로 단순하다. '지금 이 정도 피를 흘려서 나중에 대량 출혈을 막을 수 있느냐'의 문제다.

안보 동맹도 마찬가지다. 동맹을 강화하면 유사시 도와줄 손이 늘어나지만, 그만큼 자율성은 줄어든다. 기지 제공, 연합 훈련, 무기 체계 선택에서 숨 쉴 공간이 좁아진다. 어떤 사람은 '미국만 이익 본다'라고 하고, 또 다른 사람은 '중국만 챙긴다'라고 말한다. 이처럼 엇갈리는 목소리는 실제로는 어느 선택이 한국의 안전과 경제에 더 이득인지, 어느 수준의 마찰과 불편을 감수할지에 대한 견해 차이에 가깝다. 계산이 틀렸다고 비판할 수는 있어도, 애초에 남의 나라를 위해 판을 짰다고 단정하는 것은 옳지 않다.

문제는 출혈이 고르게 보이지 않는다는 데 있다. 손해는 구체적이고 이익은 추상적일 때가 많다. 어느 업종은 바로 타격을 받고, 이익은 금융 안정, 공급망 안전 같은 이름으로 훨씬 나중에 돌아온다. 그래서 외교정책을 둘러싼 논쟁은 늘 '우리가 너무 많이 내줬다'라는 감정에서 출발한다. 정부에는 왜 그렇게 선택했는지 설명할 의무가 있고, 시민에게는 그 설명이 국익에 맞는지 끝까지 캐물을 권리가 있다.

그렇다고 '한 치도 양보하지 않는 외교'를 이상향처럼 떠받들면 현실과 바로 부딪친다. 아무것도 안 내놓겠다는 태도는 협상 자체를 깨자는 얘기와 다르지 않다. 성공한 외교는 상대가 체면을 지킬 최소한의 이득을 챙기게 해주면서, 우리 쪽 실리를 그보다 조금 더 크게 가져오는 것이다. 겉으로는 서로 윈윈이라 말하지만, 속으로는 한 발 앞서 있는 상태를 노리는 셈이다.

외교는 착한 사람이 아니라 계산 잘하는 사람이 유리한 게임이다. 다만 계산의 방향이 국민 다수의 장기 이익을 향하는지, 아니면 특정 집단의 단기 이익으로 쏠려 있는지에 따라 평가가 달라진다. 한 가지 원칙만은 분명하다. 외교는 무조건 자국의 이익을 대변한다. 출혈 지점을 어디에, 얼마나 설계하느냐가 유능한 외교와 서투른 외교를 가를 뿐이다.

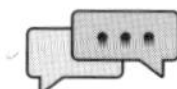

얻는 게 있으면 잃는 것도 있다

외교 손익계산서의 한 줄에 '얻은 것', 다른 한 줄에 '잃은 것'을 적어 내려가다 보면 어느 쪽도 완전히 0이 되는 칸이 좀처럼 나오지 않는다. 외교에서 뭔가를 얻었다고 느껴지는 순간, 어딘가에서는 반드시 누군가가 비용을 치른다.

한미 FTA 관련 논쟁에서의 모습이 딱 그랬다. 2000년대 말, 우리나라 농민을 중심으로 거센 반대가 터져 나왔고, 거리에는 '밥그릇을 빼앗기지 않겠다'라는 절박한 목소리가 깔렸다. 실제로 농업 분야는 시장 개방이라는 이름 아래 상당한 출혈을 감수해야 했다. 대신 자동차·전자·서비스업은 미국 시장에서 더 넓은 운신 폭을 얻었다. 한쪽의 개방이 다른 쪽의 기회로 돌아온 셈이다.

시간이 흐른 지금 한미 FTA는 대체로 '성공적인 협정'이라는 평가를 받는 편이다. 수출이 늘고, 투자처와 일자리가 생겼다는 통계도 뒤따랐다. 그렇다고 초기의 상처가 없던 일이 되지는 않는다. 다른 FTA로 확장하는 과정에서도 늘 같은 질문이 따라붙었다. '이번에는 어느 업종이 희생을 감수해야 하느냐'라는 물음이다.

외교의 양면성은 안전핀처럼 어디에나 붙어 다닌다. 단기적으로 이득을 챙기는 선택이 나중에 발목을 잡기도 한다. 특정 국가에 지나치게 의존해 수출을 늘리면 당장은 호황이지만, 갈등이 생겼을 때 보복을 감수해야 한다. 반대로 지금 당장은 고통스러운 구조 조정과 개방을 선택하면 몇 년 뒤에 새로운 시장과 산업이 열리기도 한다. 동전의 앞면과 뒷면이 번갈아 보이는 셈이다.

국가 입장에서도 사정은 크게 다르지 않다. 당장 목구멍에 풀칠하는 일이 급하면 장기적 손해를 감수하고 단기 현금 흐름을 택해야 할 때가 있다. 위기 시기의 통화 스와프, 긴급 차관, 불리한 조건의 협정이 그런 얼굴을 한다. 반대로 여유가 있을 때는 단기 이득을 조금 미루더라도 규범과 신뢰를 쌓는 쪽을 선택한다. 그 신뢰가 훗날 진짜 위기에서 버팀목이 되기도 한다.

결국 외교에는 완벽한 정답이 없다. 어느 선택도 100 대 0의 승리를 보장해주지 않는다. 항상 60 대 40, 많아야 70 대 30 정도의 비율에서 '그래도 이쪽이 낫다'를 고르는 작업에 가깝다. 중요한 건 무엇을 포기했고 무엇을 얻으려 했다는 계산 과정을 투명하게 설명하고 감시받는 구조다.

얻는 게 있으면 잃는 것도 있는 법이다. 외교는 그 단순한 사실을 국가 단위에서 매일 실험하는 과정이다. 한쪽만 보면 분노가 쌓이고, 양쪽을 같이 보면 고민이 깊어진다. 이 책에서 다루는 외교 전략의 상당수는 결국 그 사이 어딘가에서 더 나은 비율을 찾아보려는 시도라는 점, 그 정도만 기억하면 충분하다.

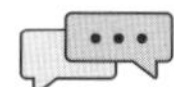

서로 다른 이해관계를 고려하자

외교 지도를 펼쳐놓으면 금방 어지러워진다. 나라 이름을 하나 찍으면 그 옆에 줄기가 서너 개씩 달려 나오고, 줄기 끝에는 또 다른 나라들이 매달린다. 겉으로는 A와 B가 마주 앉아 웃고 있는 것처럼 보여도, 실제 협상장에는 C와 D, 심지어 F까지 보이지 않는 의자를 하나씩 차지하고 있다.

2025년 말 일본과 중국 사이를 보자. 대만 문제, 동중국해 영유권, 안보 전략을 둘러싸고 말 그대로 신경전이 극단으로 치달았다. 군용기와 경비함이 마주 달리고, 서로 자국민에게 상대국 여행을 자제하도록 권고하고, 일부 품목에 대한 경제 제재 조치까지 거론했다. 겉으로는 중국과 일본의 갈등처럼 보이지만, 뒤에는 미국, 대만, 동남아 여러 나라의 계산이 한꺼번에 엉켜 있다.

이 한가운데 서 있는 나라가 우리 대한민국이다. 일본과는 안보, 기술, 공급망을 두고 손을 잡아야 하고, 중국과는 교역, 관광, 원자재를 놓고 등을 돌릴 수 없는 처지다. 일본과 더 밀착하면 중국이 '정치적 선택'으로 받아들일 수 있고, 중국에 기우는 그림이 강해지면 일본과 미국이 안보 지형을 다시 계산하기 시작한다. 어느 한쪽과 굵은 협력을 추진하는 순간 다른 쪽에서 경제·외교적 압박 카드가 날아올 위험이 항상 존재한다.

우리나라가 사드를 배치했을 때 겪었던 중국의 보복을 떠올리면 이해가 쉽다. 공식 논리는 안보였지만, 실제 타격은 관광·유통·콘텐츠 산업에 떨어졌다. 한미동맹을 강화하는 선택이 동시에 한중 경제 관계의 비용으로 돌아온 사례다. 이런 기억이 쌓일수록 한국 외교는 자연스럽게 '어느 한 축만 보고 갈 수 없다'라는 교훈을 더 깊이 새기게 된다.

그래서 현대 외교 전략에서 '우리가 이 나라와 무엇을 하려는가'보다 '우리가 이 나라와 움직일 때 다른 나라가 어떻게 반응할까'가 더 중요하다. 일본과 안보 협력을 강화할 때 중국 및 러시아의 군사행동 패턴이 어떻게 바뀔지, 중국과 경제협력을 넓힐 때 미국과 유럽의 기술·안보 규제가 어디까지 조여질지 같이 계산해야 한다. 한·중·일 삼각형에 미국까지 끼어드는 순간 이해관계는 정삼각형이 아니라 꼬인 거미줄이 된다.

여기에 각국의 내정까지 겹친다. 일본은 방위비 증액과 헌법 해석을 둘러싼 국내 논쟁을 안고 있고, 중국은 성장 둔화와 사회 통제를 동시에 관리해야 한다. 미국은 인도·태평양 전략이라는 이름으로 동맹 재편을 밀어붙인다. 이런 사정이 합쳐지면, 같은 발언도 어느 날에는 '관리 가능한 마찰'로 끝나고, 어느 날에는 '레드라인 넘기'로 번진다. 이해관계가 겹겹이 쌓여 있는 만큼 한 줄짜리 슬로건으로는 상황이 설명되지 않는다.

결국 외교는 일대일 싸움이 아니라 다자 간 암투극에 가깝다. 한국이 중국과 일본을 대할 때도 마찬가지다. 단순히 '누가 우리에게 더 중요하냐'를 따지는 수준을 넘어, 둘 사이의 알력이 어느 방향으로 흐를지, 거기에 미국과 유럽, 동남아가 어떻게 얽힐지를 넓은 관점으로 읽어야 한다. 그래야만 우리 선택이 어떤 파장을 낳을지 미리 가늠할 수 있다.

서로 다른 이해관계를 고려한다는 말은 거창한 도덕론이 아니다. 현실적으로 실수를 줄이기 위한 최소한의 안전장치에 가깝다. 한 발 내디딜 때마다 주변 국가의 계산표가 어떻게 달라질지 상상해 보는 일, 그 상상력이 부족하면 외교는 쉽게 '좋은 말'에 속고 '나쁜 타이밍'에 발이 묶인다. 복잡한 이해관계 속에서 균형점을 찾는 일, 그 자체가 외교 전략의 핵심이자, 한국 같은 나라에 주어진 피할 수 없는 숙제다.

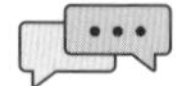

외교의 힘은 경제와 국방에서 나온다

외교 무대에서 목소리가 커지는 나라는 대개 돈과 군대를 동시에 가진 나라다. 말을 세게 할 수 있는 이유는 '못 들은 척하면 손해보는 쪽은 너희지'라고 은근히 압박할 수 있기 때문이다. 세계에서 이런 자세를 가장 노골적으로 취하는 나라가 바로 미국과 중국, 이른바 G2다.

두 나라는 거대한 내수 시장과 막강한 제조·기술력을 바탕으로 세계경제의 심장부를 움켜쥐고 있다. 원자재 가격, 금리, 금융 규범 하나를 어떻게 세우느냐에 따라 전 세계 투자와 무역 흐름이 출렁인다. 통화, 자본, 공급망을 손에 쥔 나라는 협상장에서 '우리와 사이가 틀어지면 불편해지는 쪽이 어디냐'라는 협박 아닌 협박을 자연스럽게 던질 수 있다. 경제력이 외교의 첫 번째 근육이라면 이들이 가진 근육은 거의 운동선수 수준이다.

하지만 돈만으로 패권이 유지되지는 않는다. 미국과 중국이 가진 진짜 힘은 경제력 위에 얹은 국방력에서 완성된다. 항공모함 전단이 세계 바다를 돌아다니고, 장거리 미사일과 사이버 전력이 상대국의 계산을 바꾸어놓는다. 군사동맹망과 정보망이 촘촘할수록 다른 나라들은 이들의 기분을 한 번 더 살펴보게 된다. 경제 제재가 실제 위협이 되는 이유도, 최후에는 군사력이라는 뒷배가 버티고 있기 때문이다.

대한민국이 처한 현실을 이 틀에 얹어 보면 과제가 선명해진다. 수출로 먹고사는 나라가 외교력을 키우려면 말보다 숫자가 먼저 설득력을 가져야 한다. 기술 경쟁력, 혁신 기업, 안정된 금융 시스템이 쌓일수록 외국은 한국을 단순한 '부품 공급처'가 아니라 함께 규칙을 만들 파트너로 인식한다. 방위비를 감당할 체력도 결국 경제가 뒷받침한다.

국방도 마찬가지다. 한반도는 아직 휴전선으로 갈라져 있고, 주변에는 강대국 네 나라가 둘러서 있다. 외교로 선생을 막으려면, 전쟁이 일어날 때 싸울 수 있다는 신호를 동시에 보여줘야 한다. 동맹과 연합 훈련, 첨단 무기 체계, 정보·사이버 능력은 단순한 안보 장치가 아니라 외교 카드다. 상대가 '저 나라는 건드리기 번거롭다'라고 느낄수록 협상 테이블에서 존중의 강도도 달라진다.

결국 외교의 힘은 말솜씨에서 나오지 않는다. 뒤에 서 있는 경제 규모와 국방 능력이 협상의 바닥을 만들어준다. 한국이 외교적 존재감을 키우고 싶다면 선언과 수사만으로는 부족하다. 공장에서 나오는 기술, 금융시장에서 쌓이는 신뢰, 군사훈련장에서 다져지는 전력 세 가지가 함께 올라갈 때 비로소 외교의 목소리도 한 톤 높아진다. 경제와 국방을 키우는 일은 곧 외교력을 키우는 일과 똑같다는 사실을 인정하는 순간, 국가 전략의 우선순위가 훨씬 또렷해진다.

미래 책임질 기후·AI·경제·안보 외교

외교가 경제와 안보만 따지는 일이라면 생각보다 간단할 것이다. 문제는 기후 위기와 인공지능AI에 따른 미래 변화에 대한 전략도 마련해야 한다는 사실이다. 대통령 머릿속에는 탄소 배출 그래프, 반도체 공급망 지도, AI 반도체 칩 구조도까지 같이 올라와 있다. 기후, AI, 경제, 안보가 이제는 별도 의제가 아니라 외교의 뼈대가 됐다는 뜻이다.

먼저 기후부터 살펴보면, 유럽은 기후 위기를 거의 '새로운 전쟁' 수준으로 받아들이는 분위기다. 탄소 배출이 많은 제품에는 추가 비용을 물리고, 친환경 기준을 못 맞추면 사실상 시장 문턱을 넘기 어렵게 만든다. 환경 규제가 곧 무역 장벽이 된 셈이다. 한국 입장에서는 귀찮고 까다로운 기준처럼 보이지만, 반대로 생각하면 기회다. 탄소를 덜 쓰는 공정, 배터리·수소·재생에너지 기술에서 앞서가면 유럽 시장을 선점할 수 있다. 기후 외교는 '규제에 끌려다니느냐, 규칙을 설계하는 쪽에 서느냐'를 가르는 싸움이다.

AI 외교도 만만치 않다. 미국과 중국은 인재, 데이터, 반도체, 클라우드 인프라를 총동원해 AI 패권 경쟁을 벌이고 있다. 군사·정보·산업 전반을 바꿀 수 있는 기술이니 서로 한 발이라도 앞서려 한다. 한국은 양쪽과 모두 협력할 수 있는 중간 지대에 서 있다. 반도체 설계와 생산, 초고속 통신망, 온라인 플랫폼을 묶으면 AI 생태계에서 빠지기 어려운 파트너가 될 수 있다. 핵심은 한쪽 진영에만 묶이지 않으면서 표준 논의, 윤리 규범, 데이터 협력 같은 장에서 주도권을 조금이라도 가져오는 것이다. 그래야 AI 기술이 단순 하청이 아니라 새로운 수출 품목과 일자리로 이어진다.

경제·안보 외교도 당연히 빼놓을 수 없다. 예전에는 안보와 경제를 따로 보려는 경향이 있었지만 지금은 두 개를 떼어놓고 이야기하면 오히려 설명이 안 된다. 반도체, 배터리, 핵심 광물, 식량과 에너지가 모두 안보 이슈가 됐다. 이느 나라와 일마나 깊이 엮일지, 한 나라에 얼마나 의존할지를 조절하는 작업이 곧 외교 전략이 됐다. 예를 들어 특정 국가에만 희귀 광물을 의존하면 가격과 공급이 그 나라 기분에 따라 요동친다. 반대로 여러 나라와 FTA, 공급망 협력을 촘촘하게 맺어두면 어느 한쪽이 흔들려도 버틸 여유가 생긴다. 경제·안보 외교는 '위험을 분산해 기회를 남기는 기술'이다.

국가 간 이해관계가 무척이나 복잡해졌다. 기후는 규칙을 바꾸는 외교, AI는 미래 먹거리를 놓고 벌이는 기술 외교, 경제와 안보는 리스크를 관리하는 생존 외교에 가깝다. 세 가지 모두에서 한국이 할 일은 단순하다. 뒤따라가는 수험생처럼 기준만 맞추는 데 그치지 말고, 기준을 만드는 테이블에 최대한 자주, 깊게 앉는 것이다. 그래야 규제 대상이 아니라 새 질서를 함께 짜는 참가자가 된다.

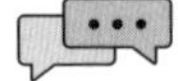

디지털 외교와 SNS 시대의 메시지

대사관 담장 안에서만 외교가 이뤄지던 시대는 끝났다. 지금은 각국 정상과 장관이 스마트폰 하나를 통해 전 세계를 상대로 메시지를 던진다. 예전에는 회의가 끝난 뒤 공동성명이 나올 때까지 기다려야 분위기를 읽을 수 있었지만, 이제는 정상이 올리는 한 줄 게시글, 30초 영상이 곧 외교 신호가 된다.

디지털 외교의 핵심은 두 가지다. 먼저 상대 정부와의 소통이 훨씬 빠르고 촘촘해졌다는 점이다. 각국 외교 당국은 암호화된 화상회의, 메신저, 실시간 번역 시스템을 활용해 수시로 의제를 조율한다. 위기가 터졌을 때 '특사 파견→회담 준비→방문' 같은 느리고 무거운 절차만으로는 대응이 안 된다. 몇 시간 안에 공동 발표문을 내고, 동시에 각국 언론과 SNS에 같은 메시지를 흘려야 파장을 관리할 수 있다. 이 작업이 모두 디지털 플랫폼 위에서 돌아간다.

외교의 상대가 더 이상 '정부만'이 아니라는 점도 인지해야 한다. 과거에는 외교관이 상대국 관료를 설득하면 일이 반쯤 끝난 셈이었지만, 이제는 그 나라 국민 여론도 함께 움직여야 한다. 그래서 각국 외교부는 자국어 계정은 물론 영어·프랑스어·아랍어 계정을 따로 운영하며 자국 입장을 설명하고, 밈과 영상, 카드뉴스까지 동원해 이미지 싸움을 벌인다. 이른바 '공공외교'가 디지털 공간으로 통째로 옮겨온 그림이다.

트럼프 대통령은 전통 외교 채널보다 SNS를 앞세워 메시지를 던지는 방식으로 유명하다. 북·미 정상회담의 불씨도 김정은을 향한 공개 SNS에서 시작됐고, 중국과의 무역 협상, 나토 동맹국 방위비 분담, 멕시코 국경 장벽 문제 등 굵직한 현안의 첫 포문이 SNS에서 열리는 경우가 많았다. 외교 문서와 브리핑을 거쳐 천천히 나가던 메시지를, 스마트폰 클릭 한 번으로 전 세계 언론의 헤드라인으로 만드는 방식이다.

트럼프식 SNS 외교의 가장 큰 징짐은 '속도'와 '직접성'이다. 중간 단계 관료 조직을 건너뛰고 상대 정상을 향해 곧장 메시지를 던짐으로써 협상의 판을 단숨에 흔들 수 있다. 김정은에 대한 정상회담 제안, 중국에 대한 관세 경고, 멕시코에 대한 압박 등은 SNS의 한 줄로 의제를 선점하고, 국내 지지층 결집과 대외 압박을 동시에 노린 사례라 볼 수 있다.

반대로 이 즉흥성이 치명적 약점이 되기도 한다. 시리아 철군, 나토 방위비 분담, 이란·중국 비난 SNS처럼 사전 조율이 안 된 메시지는 동맹국과 참모들을 혼란에 빠뜨렸다. 표현 수위가 높아 모욕으로 받아들여지기도 했고, 하루 사이에 입장을 뒤집는 경우도 많아 미국 외교의 예측 가능성과 신뢰도를 훼손했다는 비판이 뒤따랐다.

트럼프 대통령의 사례가 아니라 하더라도 SNS 외교는 다양하게 활용됐다. 특히 독재 정권을 흔드는 도구가 되기도 했다는 점에서 흥미롭다. 튀니지와 이집트에서 시작된 민주화 시위는, 시민들이 SNS로 정보를 공유하고 시위를 조직하면서 순식간에 확산됐다. 전통 언론이 통제되는 환경에서도 짧은 글과 영상이 국경을 넘나들며 국제사회의 시선을 끌어냈다. 정권은 인터넷 차단과 검열로 맞섰지만, 이미 밖으로 번진 여론과 압박을 완전히 되돌리기는 어려웠다. 거리의 구호와 온라인 해시태그가 동시에 정권을 흔든 대표적인 장면이다.

변화하는 흐름 속에서 외교 메시지는 '두 겹'으로 설계된다. 하나는 전통적인 외교 언어다. 합의문, 성명, 브리핑에서 쓰는 신중한 문장들이다. 다른 하나는 대중을 겨냥한 SNS 언어다. 같은 내용을 전하면서도 더 짧고, 더 직설적이고, 때로는 감정까지 담아낸다. 한 나라가 특정 이슈에 대해 어떤 스탠스를 택했는지 보려면 이제 외교부 발표뿐 아니라 그 나라 정상과 장관의 SNS 타임라인을 같이 읽어야 한다.

디지털 외교의 위험도 만만치 않다. 한 줄 문장이 잘못 나가면 순식간에 국제분쟁의 불쏘시개가 될 수 있다. 애매한 농담, 오역된 게시글, 감정 섞인 표현 하나가 상대국 여론을 자극하고, 의회와 언론이 들고일어나면 뒤늦게 회복하기 어렵다. 그래서 각국은 동시에 두 가지를 고민한다. 얼마나 솔직하게 말할 것인가, 얼마나 전략적으로 침묵할 것인가. 디지털 시대 외교의 '말'은 속도와 파급력만큼이나 되돌릴 수 없다는 점에서 더 무거워졌다.

대한민국도 예외가 아니다. 경제와 안보, 기후, AI 같은 복잡한 의제를 다루면서, 동시에 다수 국가와 동시다발적으로 메시지를 주고받아야 한다. 이 과정에서 디지털 외교는 선택이 아니라 필수가 됐다. 정부와 외교 당국이 어떤 플랫폼에서, 어떤 톤으로, 누구를 향해 발신하는지에 따라 한국 외교의 이미지와 신뢰도가 함께 움직인다.

디지털 외교와 SNS 시대의 메시지가 외교의 본질 자체를 바꾸지는 않았다. 여전히 국익이 기준이고, 여전히 이해관계가 출발점이다. 다만 전파 속도와 관객이 달라졌을 뿐이다. 폐쇄된 회의실에서 오가던 말들이 이제는 실시간으로 세계인의 손안에 꽂힌다. 이 변화에 제대로 올라타는 나라와 그렇지 못한 나라 사이 외교력의 격차는 앞으로 더 벌어질 가능성이 크다.

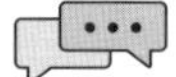

문화, 스포츠, K-콘텐츠 외교

"오직 한없이 가지고 싶은 것은 높은 문화의 힘이다." 김구 선생이 남긴 이 한마디가 지금 한국 외교의 현실을 가장 잘 설명하는 말 아닐까? 군사력도 경제력도 중요하지만, 사람 마음속 깊이 들어가 오래 남는 건 결국 문화의 얼굴이니까 말이다.

요즘 중남미 국가의 공연장을 보면 그 장면이 선명해진다. 한국과 지리적으로는 지구 반대편인데, 방탄소년단 노래를 '떼창'하는 수만 명의 관객이 보인다. 그들에게 한국은 더 이상 먼 나라가 아니다. 가사를 따라 부르고, 멤버들의 이름을 외우고, 한국어 한두 문장을 흉내 내는 순간 이미 정서적 거리가 줄어든다. 외교 문서보다 먼저 마음의 거리가 좁혀지는 장면이다.

동남아시아도 마찬가지다. 한때 이 지역 사람들에게 한국은 뉴스에서나 보이던 나라 이름이었지만, 이제는 많은 이가 한국 드라마와 예능 속 배경에 익숙해졌다. 현지 젊은 세대는 드라마에 나온 음식, 패션, 말투를 자연스럽게 따라 한다. 정부끼리 수십 차례 교류 협정을 맺는 것보다 한 편의 흥행 드라마가 호감도를 훨씬 빠르게 끌어올리는 경우가 많다. 관광, 유학, 투자로 이어지는 첫 단추가 문화인 셈이다.

영화와 애니메이션도 힘을 보탠다. K-팝과 한국적 상상력을 결합한 작품이 글로벌 플랫폼을 타고 공개되면, 한 번에 수백 개국에 한국이라는 이름이 박힌다. 만약 그 작품이 흥행에 성공하면, 제작진이 의도하지 않아도 자연스럽게 한국 문화와 언어, 스타일이 세계 곳곳에 스며든다. 극장에서 터진 웃음과 눈물이 시간이 지나 외교 자산으로 바뀌는 구조다.

스포츠도 빼놓을 수 없다. 월드컵 경기장에서 울려 퍼지는 응원가, 피겨스케이팅과 빙상, 축구와 야구 스타의 활약은 국가 이미지를 단숨에 끌어올린다. 올림픽에서 좋은 매너와 경기력, 패배를 대하는 태도 등을 보여주면 모두 '이 나라 사람들, 꽤 괜찮다'라는 인상을 만든다. 나중에 같은 나라와 무역 협상이든 안보 대화든 시작할 때 이 호감이 보이지 않는 쿠션 역할을 한다.

문화 외교의 핵심은 강요가 필요 없다는 점이다. 무기를 팔 때는 설득과 조건이 필요하지만, 노래와 드라마, 스포츠는 그 나라 시민이 자발적으로 선택한다. 강요받지 않고 좋아하게 된 대상에는 자연스럽게 신뢰와 호기심이 따라붙는다. 한국에 대한 우호적인 감정이 쌓이면, 정치적으로 갈등이 생겨도 상대 사회가 극단으로 치닫지 않게 막아주는 완충재가 된다.

결국 문화·스포츠·K 콘텐츠 외교는 '우리 편을 만들기 위한 가장 부드러운 방식'이다. 정부가 정교하게 설계해야 할 하드파워의 외곽에서 아티스트와 선수, 창작자들이 자연스럽게 부드러운 길을 열어준다. 그 길을 어떻게 외교 전략과 연결할지 고민하는 일이 앞으로 한국 외교의 중요한 숙제가 될 것이다. 김구 선생이 말한 '문화의 힘'을 단순한 수사로 두지 않고 실제 외교의 도구로 만드는 작업이 이제 본격적으로 시작됐다.

한류의 원조, 조선통신사

때는 조선 중기, 부산 앞바다에 거대한 배들이 줄지어 떠 있다. 화려한 관복을 입은 사신이 탑승하고, 뒤이어 악공과 화원, 장인, 승려, 군사까지 수백 명이 일렬로 승선한다. 조선 시대 사람들은 그 거대한 행렬을 '조선통신사' 일행이라고 불렀다. 지금으로 따지면 외교 사절단이면서, 동시에 움직이는 문화 박람회에 가까운 존재였다.

조선통신사가 등장한 배경부터 살펴볼 필요가 있다. 결정적인 계기는 임진왜란이었다. 일본의 침략으로 조선 땅이 초토화되었고, 두 나라는 서로를 깊이 불신하는 상태로 돌입했다. 전쟁은 끝났지만 언제 다시 칼이 날아올지 모르는 불안한 평화였다. 조선 입장에서는 일본의 재침을 막아야 했고, 일본 막부 역시 체면을 지키면서도 주변국과 관계를 정리할 통로가 필요했다. 그 해법으로 선택된 수단이 바로 대규모 사절단 파견이었다.

조선통신사의 공식 임무는 명확했다. 첫째, 조선 국왕의 국서를 쇼군에게 전달해 외교 관계의 틀을 확인하는 일이다. 둘째, 새 쇼군이 들어섰을 때 축하 사절 역할을 하며 양국 관계를 재확인하는 일이다. 셋째, 전쟁 포로 문제와 교역 재개 같은 현실적인 현안을 협의하는 창구가 되는 것이다. 지금으로 치면 정상 특사, 전략 대화, 실무 협상을 한몸에 합쳐 보낸 셈이다.

구성을 보면 성격이 더 뚜렷해진다. 사절단에는 정사와 부사 같은 고위 관료뿐 아니라 시를 짓는 문인, 글씨에 능한 서예가, 그림을 그리는 화원, 악기 연주자, 도공과 장인, 승려까지 다양한 인물이 포함됐다. 길 위에서 상대를 접대하고 나라의 수준을 보여주기 위해서였다. 종이와 먹, 악기, 도자기, 책과 그림까지 온갖 물품이 배에 실렸고, 사절단이 가는 곳마다 작은 문화 장터가 자연스럽게 펼쳐졌다.

일본 측 반응도 흥미롭다. 조선통신사가 도시에 도착하는 날이면 사람들로 거리가 가득 찼다. 색색의 비단옷을 입은 사신단이 줄지어 행진하고, 악대가 길 위에서 연주를 이어가면 구경꾼들은 숨을 죽이고 바라봤다. 아이들은 조선 말을 흉내 내면서 뒤를 따라다녔고, 상인들은 조선풍 모양과 문양을 베껴 물건을 만들어 팔았다. 조선 입장에서는 엄숙한 외교 행사였지만, 일본 사람 눈에는 장대한 볼거리이자 축제였다.

지식인 사회에서는 또 다른 변화가 생겼다. 일본 유학자들은 조선 유학자와 시문을 주고받기 위해 길을 나섰다. 통신사 일행이 묵는 객관에서는 밤새 토론과 문장 겨루기가 이어졌다. 누군가는 조선 사신에게 글씨를 부탁해 소중히 간직했고, 누군가는 조선에서 가져온 책을 연구하면서 학문적 자극을 받았다. 조선의 학문과 예술이 일본 지식인층 안으로 직접 들어간 셈이다.

조선통신사가 '한류의 원조'라는 별칭을 얻은 이유가 바로 여기 있다. 국가가 공식 외교라는 이름으로 사람과 문화, 기술과 예술을 한꺼번에 국경 밖으로 내보냈고, 그 결과 상대 사회 안에 조선에 대한 호감과 호기심이 서서히 쌓였다. 군대 대신 사절단이, 총포 대신 글과 음악이 앞장섰다는 점에서 오늘의 문화 외교와 구조가 크게 다르지 않다.

물론 조선통신사가 두 나라의 모든 갈등을 없애준 것은 아니다. 이후에도 잡음과 충돌은 반복됐다. 그럼에도 조선통신사가 남긴 자취를 따라가다 보면 중요한 사실 하나가 또렷해진다. 외교 현장에서 문화는 단순한 장식이 아니라, 상대 마음속에 우호적인 공간을 만들어주는 도구라는 점이다. 조선 시대의 통신사가 그랬듯, 오늘날 한국의 음악, 드라마, 영화도 결국 같은 일을 하고 있다. 사람의 마음속에 먼저 자리를 잡고 나면, 그다음 외교는 조금 더 수월해진다.

5. 우리나라와 다른 나라의 외교

우리에게 중요한 나라는?

우리나라와 가장 시급한 현안이 걸려 있는 국가가 어디냐고 물으면 사람마다 대답이 다를 것이다. 누군가는 미국부터 찾고, 누군가는 일본, 또 누군가는 유럽 대륙을 먼저 훑어본다. 그런데 현안을 지우고 냉정한 시선으로 외교 문제를 해결하려고 하면 시선이 지나가는 순서가 어느 정도 정해져 있다. 북쪽으로 먼저 올라갔다가 태평양 너머 미국을 찍고, 다시 서쪽으로 돌이 중국을 훑고, 남쪽으로 내려가 일본과 동남아, 더 멀리 유럽과 중남미, 아프리카를 바라보게 된다. 이 장에서 다루는 국가와 지역은 바로 그 '시선의 동선'에 맞춰 고른 대상들이다.

무엇보다도 한반도에서 외교를 이야기하려면 북한을 빼놓을 수 없다. 같은 민족이지만 별도의 체제, 별도의 국가로 서 있는 존재이자, 동시에 휴전선 하나를 사이에 두고 언제든 군사적 긴장으로 튀어 오를 수 있는 상대다. 다른 나라와의 관계는 나중에 좋아지면 된다지만, 북한과의 관계는 우리가 원하든 원치 않든 하루하루 안보와 경제에 직접적인 압박을 준다. 종전 선언, 평화협정, 비핵화, 제재 완화 같은 단어가 머릿속에서 지워지는 날이 곧 우리에게 가장 큰 전환점이 된다. 그래서 첫 번째는 당연히 '가장 가깝지만 먼 나라' 이야기로 시작할 수밖에 없다.

　다음 시선은 자연스럽게 미국으로 향한다. 미국은 단순한 우방이나 파트너 정도가 아니라, 한국 현대사의 구조를 바꾼 나라다. 한국전쟁 참전부터 안보 동맹, 주한미군, 확장 억제, 그리고 FTA와 첨단 기술협력까지, 한국의 안전망과 성장의 사다리에 미국이라는 단어가 깊게 박혀 있다. 안보에서 미국을 배제하면 계산식 자체가 성립하지 않고, 경제에서 미국을 지우면 공급망과 투자 지도가 한 번에 뒤틀린다. '든든한 뒷배'라는 표현이 다소 과장처럼 들릴지 몰라도, 현재 구조에서는 절묘하게 맞는 말이다.

　하지만 미국만 바라보며 살 수는 없다. 한국의 최대 교역국, 공장에서부터 쇼핑몰까지 일상 속에 깊이 스며든 존재는 중국이다. 우리가 값싼 원자재와 중간재를 통해 제조업을 키우고, 동시에 완제품을 팔아 수출 실적을 쌓던 시절이 길었다. 지금은 중국이 기술과 생산 능력을 함께 끌어올리면서 상황이 복잡해졌다. 한때 '공장'으로만 보이던 나라가 이제는 거대한 경쟁자, 동시에 시장이자 투자처로 겹겹이 겹쳐진다. 그럼에도 중국과의 관계를 쉽게 끊어낼 수 없는 이유는 우리 경제의 혈관 곳곳에 여전히 '중국'이라는 이름이 흐르고 있기 때문이다.

　미국과 중국이 양쪽에서 한국을 동시에 잡아당기는 동안, 우리에게 가장 신경 쓰이는 이웃은 일본이다. 일본은 감정의 거리와 전략의 거리가 서로 다른 나라다. 역사 문제만 놓고 보면 분노와 피로감이 함께 쌓인 상대이고, 경제·기술·안보 지도를 펼쳐 보면 협력과 경쟁을 동시에 관리해야 하는 나라다. 반도체 소재, 정밀 부품, 관광, 해양 안보, 대북 공조까지 실제 이해관계가 촘촘하게 얽혀 있다. 그래서 일본과의 외교에서는 양가감정 그대로, '따라잡아야 할 경쟁자'이자 '함께 가야 하는 동료'라는 두 얼굴을 동시에 읽어야 한다.

조금 더 먼 곳으로 눈을 옮기면 유럽연합이 등장한다. 유럽연합은 한 나라가 아니라 수십 개 국가가 만든 공동체이면서 동시에 하나의 정치·경제 블록이다. 기후, 인권, 데이터, 환경 규범을 주도하면서 세계 규칙의 상당 부분을 설계, 조정하는 역할을 맡고 있다. 한국이 유럽연합과 어떤 인어를 공유하고, 어떤 규칙을 함께 만들 것인지는 단순한 수출입 문제가 아니라 한국 기업의 '운영 매뉴얼'을 함께 작성하는 일에 가깝다. 그래서 유럽연합을 별도의 축으로 두고 이야기할 필요가 있다.

이후 중남미와 아프리카 이야기를 꺼내는 이유는 단순히 지역 균형을 맞추려고 넣은 장식이 아니다. 한국 경제가 성장할 수 있는 여지는 이미 포화 상태인 전통 시장이 아니라, 열리고 있는 시장에서 더 많이 나온다. 중남미는 자원과 인구, 도시화, 문화 교류 측면에서 한국이 뒤늦게 눈을 뜨기 시작한 공간이다. K-팝과 드라마를 따라 한국 기업과 기술이 들어갈 여지가 넓다. 아프리카는 말 그대로 무수한 자원과 젊은 인구가 모여 있는 곳이다. 중국과 서방이 치열하게 인프라·투자 경쟁을 벌이고 있는 이 대륙에서 한국이 어떤 전략적 위치를 잡느냐에 따라, 몇십 년 뒤 에너지와 광물, 신흥 시장 접근성이 갈리게 된다.

여기서는 단순히 '세계 여행'하듯 각 나라를 소개하지 않을 것이다. 이 글은 한국 입장에서 어떤 나라가 왜 중요한지, 어느 나라와 감정과 이해관계가 엇갈리고, 어느 지역은 기회와 위험이 동시에 쌓여 있는지를 한눈에 정리하는 지도에 가깝다. 순서 역시 그런 관점에서 정리했다. 당장 총구가 겨눠질 수 있는 이웃, 안보를 떠받치는 동맹, 경제의 혈관을 공유하는 파트너와 경쟁자, 규칙을 설계하는 공동체, 그리고 앞으로 펼쳐질 신흥 시장까지 말이다.

각 국가와 지역을 함께 세밀하게 들여다보면, 뉴스에서 스쳐 지나가던 사건들이 조금은 다른 얼굴로 보이기 시작할 것이다. '왜 우리 정부가 저 선택을 했는지' 이해되는 부분도 생길 것이고, '여기서는 왜 이런 말을 못 했을까' 아쉬움이 남는 대목도 있을 것이다. 그런 낯섦과 공감, 물음표와 느낌표가 함께 쌓여야 비로소 시민의 외교 감각이 자란다.

가장 가깝지만 먼 나라, 북한

서울에서 북쪽으로 차를 몰아 1시간만 올라가면 군사분계선이 나온다. 거리만 놓고 보면 바로 옆 동네인데, 감정과 제도, 체제의 거리를 생각하면 지구 반대편보다 더 멀게 느껴지는 곳이 북한이다.

한국전쟁 이후 남과 북의 관계는 사실상 분단을 제도화하는 과정이었다. 전쟁은 일시적으로 멈췄지만, 평화협정이 아니라 휴전협정으로 일단 덮어둔 상태다. 법적으로는 전쟁을 잠시 멈춘 셈이어서 언제든 다시 싸움이 붙을 수 있다는 불안이 바닥에 깔려 있다. 수도권에 대포와 미사일이 겨누어져 있다는 사실만으로도 안보와 외교의 출발점이 다른 나라와 근본적으로 다르다.

그렇다고 항상 살얼음판만 있었던 것은 아니다. 김대중·노무현 정부 시기에는 이른바 햇볕 정책으로 기류를 바꾸려는 시도가 이어졌다. 첫 남북 정상회담이 열렸고, 금강산 관광과 개성공단 같은 협력 사업이 시작됐다. 군사적 긴장을 낮추고, 경제협력을 통해 관계를 바꾸어보겠다는 구상이었다. 문재인 정부 시기에도 판문점과 평양에서 잇따라 정상회담이 열리며, 한때는 종전 선언과 평화 체제 전환에 대한 기대가 높아졌다. 다만 북·미 회담 결렬 이후 다시 긴장이 높아졌고, 북한의 미사일 발사와 핵 능력 고도화가 이어지면서 국면이 냉각됐다.

그럼에도 북한과의 외교를 포기할 수 없는 이유는 명확하다. 가장 먼저 안보다. 북한과의 충돌은 곧바로 대한민국 전역의 안전과 직결된다. 한반도에서 전쟁이 터지는 순간, 인명 피해와 경제 붕괴는 상상을 뛰어넘을 것이다. 전쟁을 막는 억지력도 필요하지만, 오해와 오판을 줄이는 대화 채널 역시 필수다. 억지와 대화가 함께 작동할 때 비로소 위기 관리가 가능해진다.

게다가 북한과의 화해 국면을 통해 경제를 끌어올릴 수 있다. 한국은 세계적으로 높은 수준의 산업·기술력을 갖고 있지만, 외국 투자자의 눈에는 언제나 '휴전 상태의 나라'라는 꼬리표가 붙는다. 전쟁 위험 프리미엄이 한국 자산과 기업 가치에 상시적으로 할증처럼 얹혀 있는 셈이다. 대규모 인프라 투자나 금융 허브 육성을 논의할 때마다 한반도 리스크가 마지막 문장에서 발목을 잡는다. 북한과의 긴장이 낮아지고, 휴전 상태에서 평화 체제로 한 단계 넘어간다면 이 프리미엄은 눈에 띄게 줄어들 수 있다.

장기적으로 보면 북한과의 관계 개선은 새로운 성장 축과도 연결된다. 철도·도로·에너지망을 북쪽으로 이어 대륙과 직접 연결할 수 있다면 물류비용과 시간이 획기적으로 줄어든다. 북한의 인력과 자원, 남한의 자본과 기술이 결합할 수 있는 구조가 만들어지면 한반도 전체의 경제 지도가 바뀔 수 있다. 외교와 안보 환경이 달라지면 지금은 상상처럼 보이는 그림도 현실적인 시나리오로 바뀐다.

문제는 어떻게 그 지점까지 가느냐다. 북한은 핵과 미사일을 체제 안전의 마지막 보루로 인식하고 있고, 한국과 미국은 그 핵을 용인할 수 없다는 입장을 유지한다. 여기에 남한 내부의 정치적 갈등, 미국과 중국, 일본, 러시아의 이해관계까지 겹친다. 남북 관계를 개선하려는 시도는 늘 국내 정치 논쟁과 국제정치의 압력 속에서 시험대에 오른다. 한 번의 회담, 한 번의 선언으로 풀릴 수 있는 매듭이 아니다.

그래서 북한과의 외교는 '큰 그림을 그리되, 작은 걸음부터 밟아가는 방식'이 필요하다. 군사적 충돌을 막기 위한 통신선 유지, 우발적 충돌 방지 장치 같은 최소한의 안전장치를 꾸준히 관리해야 한다. 이와 동시에 인도적 지원, 이산가족 상봉, 보건·재난 협력 같은 비교적 비정치적인 분야에서 신뢰를 쌓아가는 것도 중요하다. 정치·군사 현안이 막혀 있을 때도 완전히 끊지 말아야 할 통로들이다.

경제협력은 신중하지만 포기하지 말아야 할 카드다. 과거 개성공단이 그랬던 것처럼, 서로에게 가시적인 이익을 주는 사업은 관계 악화 속에서도 쉽게 부너뜨리기 어려운 안선핀 억할을 한다. 다만 대북 제재와 국제 규범을 고려해야 하기에, 일방적인 퍼주기나 법적 위험을 무시한 접근은 오히려 역효과를 부를 수 있다. 국제사회와 발을 맞추면서도 남북이 주도권을 가질 수 있는 틀을 고민해야 한다.

북한은 우리가 지울 수 있는 이웃이 아니다. 가장 가깝지만 먼 나라인 북한과의 관계에서는 지리와 역사가 묶어놓은 운명과 체제, 이념의 복합적인 문제를 단번에 해결해야 한다. 워낙 쉽지 않은 문제이기에 북한과의 거리를 좁히려는 시도는 앞으로도 성공과 실패를 반복할 것이다. 다만 한 가지는 분명하다. 긴장을 관리하고, 전쟁 위험을 낮추며, 한반도 리스크를 줄이는 외교 없이는 대한민국의 미래 전략도 반쪽짜리에 머물 수밖에 없다는 것이다.

북한과의 외교는 감정의 문제가 아니라 계산의 문제에 가깝다. 안보와 경제, 인도주의와 국제정치의 모든 요소를 얽어놓고, 가장 큰 재난을 피하면서 가장 큰 기회를 여는 길을 찾는 작업이다. 가까운 이웃을 끝까지 적으로만 두고 살 것이냐, 언젠가라도 협력 가능한 상대로 바꾸려 할 것이냐. 그 선택이 앞으로 몇십 년간 대한민국 외교의 수준을 가르는 기준이 될 것이다.

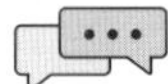

'북한의 1인 지도자', 김정은 국무위원장

북한에서 김정은 국무위원장은 국가, 당, 군을 한 손에 쥔 절대 중심이다. 조부와 부친이 그랬듯 세습 체제의 정점이지만, 3대째라는 점 때문에 초기에 내부에서 만만하게 볼 수도 있는 인물이었다. 그래서 집권 초반 행보는 일종의 '공포의 데뷔전'에 가까웠다. 장성택을 비롯해 체제 내부 실력자들을 공개 처형과 숙청으로 정리했고, 군부와 보위 기관, 내각 지도부를 수시로 갈아치우며 충성 경쟁 구도를 만들었다. 공포정치만으로는 오래 버티기 어렵기에, 동시에 '젊은 지도자' 이미지를 강조하면서 놀이공원, 스키장, 수영장 같은 대형 유희시설을 빠르게 건설해 보여주기도 했다. 내부 권력 다지기와 대중 인기 관리를 동시에 진행한 셈이다.

그 결과 김정은의 입지는 상당히 견고해졌다. 노동당 조직지도부 같은 핵심 기구를 통해 간부 인사권을 틀어쥐고, 국무위원회, 당 중앙군사위원회, 당 정치국을 겹겹이 장악했다. 소수 엘리트에게 경제·사업 권한을 나눠주고, 언제든 회수할 수 있는 구조로 설계해 충성도를 관리한다. 김일성식 '항일 혁명 후예' 서사와 김정일식 '선군 지도자' 이미지를 모두 계승하면서, 자신은 '핵을 가진 젊은 지도자'라는 새로운 서사를 더했다. 내부에서는 선택지가 거의 없는 절대 권력자로 자리 잡았다고 봐야 한다.

김정은이 내세운 성장 전략의 핵심 키워드는 한때 '병진노선'이었다. 핵무기와 경제를 동시에 발전시키겠다는 구상이었다. 기존 지도부가 늘 강조하던 자립 경제·군사 강국 노선에 핵 억지력과 민생 개선을 한 번에 껴안으려 한 것이다. 핵·미사일 시험을 강행하면서도 평양 시내에 고층 아파트와 현대식 거리, 미래과학자거리 같은 상징 사업을 밀어붙였다. 제한된 자원을 선전 효과가 큰 건물과 시설에 집중해, 주민들에게 '우리는 가난하지만 뒤처지지 않는다'라는 인식을 심으려 했다.

그러나 국제 제재가 본격화하고 북·미 협상이 결렬되면서 병진 노선은 벽에 부딪혔다. 김정은은 핵 무력 완성을 선언한 뒤 '경제 총집중' 기조를 천명했지만, 제재가 해제되지 않은 상태에서 성장 전략은 사실상 자력 갱생의 재포장에 가까워졌다. 코로나19 시기에는 국경을 거의 봉쇄하다시피 하면서 외화 수입과 교역이 크게 줄었고, 그 공백을 내부 동원과 중국·러시아 의존으로 메우는 구조가 굳어졌다. 김정은 입장에서는 핵을 포기하지 않는 선에서 제재를 느슨하게 만들 외교 돌파구가 필요한데, 지금까지는 결정적인 해법을 찾지 못한 상태라고 보는 편이 정확하다.

외교적으로 김정은 체제의 목표는 단순하다. 정권의 생존 보장이다. 핵 보유국으로 사실상 인정받는 것은 정권이 살아남으려는 방편일 뿐이다. 더불어 자신의 정권에서 최대한 많은 경제적 이득을 챙기면 더욱 좋다. 북한에서 핵 보유국임을 강조하다 보니 전략이 복잡하게 보일 뿐, 논리는 일관된 편이다. 2018년 이후 남북·북미·북중 정상 외교를 한꺼번에 가동한 것도 그 연장선이다. 남북 정상 회담을 통해 한반도 긴장 완화 이미지를 만들고, 북·미 정상회담으로 미국 대통령을 같은 테이블에 앉히며 '대등한 핵 보유 지도자'라는 그림을 연출했다. 중국과의 정상 외교는 뒤에서 안전판을 확보하는 용도였다.

다만 하노이 회담이 결렬된 이후 김정은이 다시 선택한 길은 강경 모드에 가깝다. 핵·미사일 능력을 질적으로 끌어올리는 개발을 이어가며, 헌법과 법령에 '핵 무력'을 못 박는 방식으로 되돌릴 수 없는 선을 넘고 있다. 남측에 대해서는 '두 나라' 담론을 꺼내 들며 통일 담론 자체를 후퇴시키는 발언도 서슴지 않는다. 사실상 남북 관계를 하나의 민족 내부 문제라기보다 핵 보유국 북한과 비핵 국가 한국의 관계로 재규정하려는 시도에 가깝다.

최근 김정은 외교에서 눈에 띄는 변화는 러시아와의 밀착이다. 서방과의 대치는 러시아 입장에서도 무기와 인력, 기술 교환 상대가 절실한 상황을 만들었다. 북한은 포탄과 각종 재래식 무기를 제공하고, 그 대가로 에너지, 식량, 군사 기술, 위성·미사일 관련 협력 같은 실질 자산을 얻으려는 움직임을 보인다. 김정은이 직접 러시아를 방문해 군사 시설을 둘러보고 정상회담을 가진 행보는, 제재 체제의 빈틈을 러시아와의 밀착으로 뚫어보겠다는 신호로 읽힌다. 중국이 북핵 문제에서 어느 정도 선을 긋는 사이 러시아 쪽으로 몸을 더 기울이는 셈이다.

결국 김정은이 그리는 외교 지형은 전통적인 '줄타기 외교'에 핵과 제재라는 변수를 얹은 형태다. 미국과 직접 협상하여 체제 보장과 제재 완화를 얻어내고 싶어 하면서도, 그 협상이 잘 풀리지 않을 경우 중국과 러시아 쪽으로 기울며 생존 자원을 확보하려는 패턴이 반복된다. 남한은 이 판에서 협상 대상을 겸하면서도, 동시에 체제 경쟁에서 반드시 이겨야 하는 라이벌로 간주된다. 평화와 긴장의 스위치를 김정은이 쥐고 흔들 수 있다고 믿는 구조에서 언어는 언제든 바뀔 수 있지만 방향성은 크게 바뀌지 않는다.

지도자 김정은을 평가하자면, 감정적인 이미지와 별개로 계산이 상당히 냉정한 지도자에 가깝다. 내부 결속에 필요하다면 과감한 숙청도, 눈에 띄는 건설 쇼도, 갑작스러운 정상회담도 모두 동원한다. 핵무기와 미사일을 체제의 최후 보험으로 삼으면서, 동시에 그 카드로 경제적 이득을 끌어내려는 외교 게임을 계속 시도한다. 문제는 이 전략이 북한 주민의 삶을 실질적으로 개선하는 방향으로 이어지지 못하고, 불안정한 군사 균형 속에서만 도는 바퀴가 되고 있다는 점이다.

한국 입장에서 김정은이 어떤 체제를 만드는지, 어떤 성장 전략을 고집하는지, 어떤 외교 판을 꿈꾸는지에 따라 한반도 긴장과 완화, 위험과 기회가 크게 달라진다. 김정은을 악마화해도, 과대평가해도 곤란하다. 냉정하게, 차갑게, 그러나 끝까지 분석해야 한다. 앞으로의 남북·북미·북중·북러 관계를 이해하려면 '김정은이라는 변수'를 중심에 놓고 한 번 더 들여다볼 수밖에 없다.

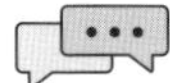

든든한 뒷배가 되어주는 형님, 미국

워싱턴을 한 번도 가본 적 없어도 한국 사람 대부분은 안다. 우리 안보와 경제의 제일 바깥쪽에서 버티고 있는 존재가 누구인지. 이름만 꺼내도 자동으로 따라붙는 말이 있다. '한미동맹'이다.

한미동맹의 출발점은 너무도 현실적이다. 한국전쟁의 폐허 위에서 미국은 피와 돈을 함께 쏟아부었고, 그 대가로 주한미군이라는 형태의 안전핀을 남겨두었다. 지금도 한반도에서 전쟁 가능성을 이야기할 때 사람들 머릿속에 제일 먼저 떠오르는 질문은 단순하다. '유사시 미국이 움직일까, 안 움직일까.' 이 질문이 한국 안보의 가장 깊은 뿌리다.

그래서 미국은 어쩔 수 없이 '형님' 같은 존재다. 기분 상할 때도 많고, 때로는 억지라 느껴지는 요구를 할 때도 있다. 그럼에도 완전히 등을 돌릴 수 없는 이유는 하나다. 북한의 핵·미사일, 중국과 러시아의 군사행동, 동북아 전체의 안보 지형을 생각하면, 미국이라는 뒷배를 통째로 포기하는 선택지는 지금 한국이 감당하기 어렵다. 미군 기지, 확장 억제, 연합 훈련이라는 단어들 뒤에는 이 냉정한 계산이 깔려 있다.

문제는 안보만으로 이야기가 끝나지 않는다는 점이다. 미국은 세계 최대의 소비 시장이고, 동시에 가장 중요한 기술·금융 중심지다. 한국의 반도체, 자동차, 배터리, 콘텐츠 상당 부분이 미국 시장과 얽혀 있고, 미국의 금리와 규제, 법 하나가 한국 기업의 투자 계획을 송두리째 바꿔놓기도 한다. 동맹은 군사협력에서 시작했지만, 지금은 경제와 기술, 공급망을 망라하는 '패키지'가 됐다.

그런 의미에서 트럼프 행정부 시기는 한국에 일종의 예고편을 보여주었다. 동맹을 입에 올리면서도, 동시에 무역수지와 관세를 놓고 호통을 쳤다. 방위비 분담금을 대폭 높이라고 요구하고, 한국산 철강과 알루미늄에 고율 관세를 부과하면서 한미 FTA 개정을 압박했다. '동맹국이면 뭐 하냐, 장사는 장사대로 따져보자'라는 메시지가 노골적으로 드러났다. 미국 국내 정치와 보호무역에 대한 정서가 강해질수록, 한국이 안보 동맹만 믿고 편하게 갈 수 있는 구간은 줄어든다는 사실을 보여준 사건이다.

앞으로의 한미 외교에서 가장 중요한 포인트 몇 가지를 정리해

보자.

　　가장 먼저 동맹과 자율성의 균형이다. 한미동맹은 앞으로도 한국 안보의 핵심 축에서 빠질 수 없다. 문제는 '미국이 하자는 대로 따라가자'와 '미국 눈치 보지 말자' 사이에서 어디에 기준을 잡느냐다. 중국 및 러시아와의 관계, 대만·남중국해 문제, 인도·태평양 전략 등에서 미국의 요구는 점점 더 세밀해질 것이다. 이때 한국이 무엇까지는 함께하고 무엇은 선을 긋겠다는 원칙을 미리 세우지 않으면 매 사안마다 갈팡질팡하는 모습만 보여주게 된다.

　　경제·기술 동맹 설계는 대한민국의 미래를 책임진다. 미국은 반도체와 배터리, 첨단 제조에서 자국 중심 공급망을 강화하려 하고, 한국 기업은 그 흐름 속에서 공장과 연구개발을 미국으로 옮기고 있다. 겉으로 보면 '동맹 강화'처럼 보이지만, 조금만 자세히 들여다보면 세금 혜택과 규제, 기술 이전 문제 등 복잡한 계산이 얽혀 있다. 한국 정부가 해야 할 일은 기업을 앞세워 무조건 달려가게 두는 것이 아니라, 미국의 법과 제도 속에서 한국 기업이 과도한 부담 없이 이익을 낼 수 있도록 정치·외교적 안전판을 깔아주는 것이다. 세제, 보조금, 기술 보호, 역외 투자 규제 같은 문제들이 모두 외교 협상 의제가 된다.

　　'미국의 성장=한국의 성장'이라는 공식이 언제까지 유효한지 냉정하게 따져보는 작업도 필요하다. 미국 경제가 호황이면 한국 수출이 늘고, 금융시장이 안정되면 원화와 주식, 채권도 숨통이 트이는 것은 사실이다. 하지만 미국이 자국 산업 보호를 이유로 수입 규제를 강화하거나, 동맹국 기업을 상대로도 소송과 제재를 서슴지 않는 흐름이 커지면, 같은 공식이 어느 순간부터 '미국의 성장=한국 시장의 경쟁 심화'로 바뀔 수도 있다. 한미 경제 관계는 '무조건적 동반자'가 아니라 '이익이 맞아떨어질 때 강력한 파트너'에 가깝다는 현실 인식이 필요하다.

미국 내 정치 변수도 읽어야 한다. 미국은 4년마다 행정부 성향이 크게 바뀔 수 있다. 트럼프 대통령이 2024년 11월에 당선됐지만, 남은 임기기 그리 길지 않다. 대통령뿐만이 아니라 의회 구노에 따라서도 외교·통상 정책 색깔이 달라진다. 한미동맹을 둘러싼 큰 틀은 유지하더라도, 방위비 협상, 무역 규제, 인권·기후 이슈 접근 방식은 정권마다 전혀 다를 수 있다. 한국 외교는 '미국'이라는 추상적 단위만 보지 말고, 백악관과 의회, 주 정부, 기업, 여론이라는 여러 층을 동시에 읽어야 한다. 그래야 특정 행정부의 성향에 휘둘리지 않고 장기적인 국익 방향을 유지할 수 있다.

미국을 향한 한국 사회의 정서는 복잡하다. 고마움과 불신, 기대와 피로감이 뒤섞여 있다. 어떤 때는 '형님이 있어 든든하다'라는 마음이, 어떤 때는 '우리를 너무 자기 방식에 맞추려 한다'라는 반감이 튀어나온다. 그러나 외교의 세계에서 감정은 참고 자료일 뿐, 결정을 대신해주지 않는다. 중요한 건 한국이 무엇을 얻고 무엇을 감수할지, 그 계산을 스스로 할 줄 아느냐다.

미국은 앞으로도 한국에게 든든한 뒷배이자 까다로운 파트너로 남을 가능성이 크다. 안보에서는 절대 빼기 어려운 축이고, 경제와 기술에서는 불가피하게 경쟁과 협력을 동시에 해야 하는 상대다. 한미 외교의 수준은 결국 이 복합적인 관계를 얼마나 담담하게 받아들이고, 어디까지 기대고 어디서부터는 내 다리로 서겠다는 원칙을 세우느냐에서 갈린다. 형님을 잘 쓰는 동생이 되느냐, 형님 탓만 하다가 스스로의 길을 놓치는 동생이 되느냐, 그 선택은 한국 외교의 몫이다.

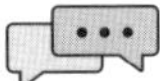

'Make America Great Again', 트럼프 미국 대통령

독자가 바라보는 트럼프 대통령의 이미지는 어떨까? 혹자는 괴팍하고 폭력적이라 볼 것이고, 혹자는 자신이 말한 내용은 지켜내는 보수의 투사로 볼 것이다. 미국 안에서 트럼프는 단순한 한 명의 정치인이 아니라, 분노와 좌절 그리고 '한 방 역전'에 대한 욕망을 한몸에 끌어안은 상징에 가깝다. 워싱턴의 기득권 정치와 기존 공화당 엘리트에 대한 반감을 등에 업고 등장한 인물이기 때문에, 실언과 스캔들이 끊이지 않아도 지지층 결집력은 좀처럼 흔들리지 않는다. 공화당 안에서도 이제는 '보수 정당'이라기보다 '트럼프의 당'이라는 말이 나올 정도로, 당의 의제와 인물 구도를 바꿔놓은 주인공이다.

　　트럼프의 국내 입지는 극단적인 양극화 위에 서 있다. 열렬한 지지자에게 그는 잃어버린 미국의 자존심을 되찾아줄 '강한 리더'다. 백인 중하층, 제조업 쇠퇴 지역, 농촌과 소도시, 복음주의 개신교 신자들이 핵심 기반이다. 이들은 세계화와 기술 변화 속에서 일자리를 잃고, 정치 엘리트가 자신들을 버렸다고 느끼는 유권자들이다. 반대로 트럼프를 반대하는 진영에서는 민주주의 규범을 흔드는 위험한 포퓰리스트, 이민·인종·젠더 문제에서 갈등을 부추기는 분열의 상징으로 본다. 탄핵, 기소, 가짜 뉴스 논란이 끊이지 않지만, 그 모든 논란을 오히려 '나를 두려워한 엘리트의 공격'이라는 서사로 재포장하면서 지지층 결속에 쓴다는 점이 트럼프 정치의 특징이다.

　　트럼프가 추구하는 성장 전략은 '안으로 끌어들이는 성장'이라고 할 수 있다. 핵심 슬로건이었던 "Make America Great Again"은 값싼 수입품과 해외 생산에 의존해온 경제구조를 바꾸겠다는 약속과 연결된다. 해외로 빠져나간 공장을 다시 미국으로 불러들이고, 자국 기업의 세금 부담을 줄이고, 규제를 풀어 기업 활동을 쉽게 만들겠다는 접근이다. 감세 정책과 규제 완화, 에너지 개발 확대는 그 연장선에 있다. 특히 셰일 가스를 중심으로 한 에너지 산업을 키우고, 석유·가스 생산을 늘리며 '에너지 독립'을 외치는 전략은 트럼프식 성장의 뼈대라 할 수 있다.

　　트럼프의 성장 전략에서 외교는 부속품이 아니라 핵심 도구다. 무지막지한 관세 협상을 지렛대 삼아 상대국을 협상장으로 끌어내고, 미국에 유리한 무역 조건과 투자 약속을 받아내려 한다. 중국과의 무역 전쟁에서 고율 관세를 전면에 내세운 것, 멕시코와 캐나다와의 무역 협상을 다시 해서 새로운 협정을 체결한 것, 유럽과 일본을 향해 자동차 관세를 거론하며 시장 개방과 방위비 분담을 요구한 것 모두 같은 구조다. 성장 전략의 우선순위가 미국의 제조업과 일자리 복원에 놓여 있기 때문에, 외교 협상에서도 숫자와 일자리, 투자 규모가 가장 중요한 평가 잣대가 된다.

트럼프식 외교 스타일은 전통적인 외교 문법과 조금 다른 궤적을 그린다. 다자 회의장에서 정교한 합의를 끌어내기보다 정상 간 일대일 거래를 중시한다. 정상회담을 '쇼'처럼 활용해 자신의 리더십을 과시하고, 때로는 SNS를 통해 상대 국가를 압박하거나 회유한다. 이스라엘과 팔레스타인 문제, 우크라이나 전쟁, 나토 동맹국을 향한 직설적인 방위비 요구, 유럽과 캐나다를 향한 예의 없는 발언들 모두 같은 패턴 안에 있다. 기존 외교가 '관료의 언어'로 움직였다면, 트럼프 외교는 '시장과 방송의 언어'로 움직인다고 볼 수 있다.

트럼프를 통해 미국이 그리고 있는 외교 형태는 고전적인 패권 유지 전략과 내부 지지층 결집 전략이 섞인 그림이다. 동맹의 안전을 계속 책임지되 비용은 더 많이 부담하게 만들고, 중국과 러시아 같은 경쟁국을 향해서는 군사·경제적으로 동시에 압박하는 구조다. 다만 이전 정부들이 다자주의와 동맹 네트워크를 활용해 패권을 관리했다면, 트럼프는 '거래'와 '압박'을 전면에 내세운다. 파리기후협정, 이란 핵 합의를 흔들고, 세계보건기구WHO, 다자 무역 체제에 차가운 시선을 보내면서 미국의 자율 공간을 넓히려 한다. 세계의 리더라기보다 세계와 거래하는 '슈퍼 갑'에 더 가까운 외교 이미지다.

그렇다고 해서 트럼프 외교가 단순한 고립주의로만 흘러가는 것은 아니다. 인도·태평양 전략, 중국 견제, 러시아 제재, 이란 및 북한에 대한 압박 등에서 미국의 군사·경제적 관여는 여전히 강하다. 다만 그 관여를 유지할지 줄일지, 어느 방향으로 틀 것인지는 '미국에 당장 이득이 되느냐'라는 기준에 따라 빠르게 바뀐다. 해외 주둔 미군을 줄이겠다고 말했다가도, 협상에서 유리한 조건을 얻기 위해 오히려 군사적 존재감을 과시하는 식의 급선회가 나오는 이유가 여기에 있다. 예측 가능성은 떨어지지만, 딜의 여지는 넓다는 점이 트럼프 외교의 양면이다.

결국 트럼프는 미국 내에서 분열의 상징이자, 동시에 기존 질서를 흔드는 촉매제 역할을 한다. 그의 등장 이후 미국 정치와 외교는 '트럼프 이전'과 '트럼프 이후'로 나뉜다는 말까지 나온다. 누군가에게는 민주주의를 위협하는 인물이고, 누군가에게는 잃어버린 자존심을 되찾아주는 구원자다. 우리가 좋아하든 싫어하든 앞으로 한국 외교의 수많은 변수가 트럼프라는 이름을 통해 움직일 가능성이 높다.

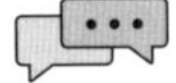

우리에게 가장 큰 시장, 중국

우리 민족에게 가장 오래된 외교 상대를 꼽자면 단연 '중국'이다. 저 먼 고조선 때부터 중국은 한국의 최대 교역국이었다. 21세기인 지금까지도 스마트폰, 자동차, 석유화학, 반도체, 부품과 소재에 이르는 수출입 통계를 펼치면 중국이라는 두 글자가 빠지지 않는다. 한국이 '무역으로 먹고사는 나라'라면, 중국은 그 무역의 절반을 책임져온 거대 시장이었다고 해도 과장이 아니다.

처음 중국이 급성장할 때만 해도 역할 분담은 비교적 단순했다. 중국은 값싼 인건비와 풍부한 노동력을 바탕으로 조립과 가공을 맡고, 한국은 중간재와 핵심 부품, 완성 기술을 제공하는 구조였다. 한국 기업은 중국에 들어가 공장을 세우고, 거기서 만든 제품을 다시 전 세계로 수출하면서 성장 동력을 얻었다. 중국이 '세계의 공장'이 되는 과정에서 한국은 믿을 만한 부품 공급처이자 기술 파트너 자리에서 꽤 안정적인 이익을 누렸다.

하지만 시간이 흐르면서 판이 바뀌었다. 중국은 단순 조립을 넘어 완제품 경쟁에 본격적으로 뛰어들었다. 가전, 스마트폰, 전기차, 배터리, 태양광, 통신 장비까지 분야를 가리지 않고 자국 브랜드를 키웠고, 값싼 제품이 아니라 '가성비 좋은' 제품을 내세우며 한국 기업이 노리던 시장을 정면에서 파고들었다. 예전에는 중국에 중간재를 수출하고 완제품을 다른 나라에 파는 이른바 '중국 경유 성장 모델'이 잘 통했지만, 이제는 중국이 그 완제품 자리까지 차지하기 시작했다.

여기에 AI와 디지털 기술에 대한 중국의 집착에 가까운 투자가 더해졌다. AI, 빅데이터, 플랫폼, 감시 기술, 핀테크 분야에서 중국은 거대한 내수 시장과 정부 지원을 등에 업고 빠른 속도로 체급을 키우고 있다. 한국 입장에서는 '중국이 값싼 공장 역할을 해주는 시대'가 끝날 뿐 아니라, 첨단 기술과 제품에서까지 정면 경쟁자가 되는 상황을 마주하고 있다.

외교의 바람이 거세게 불 때마다 경제에도 곧바로 한기가 찾아온다는 점도 문제다. 사드 배치 이후 중국이 벌인 관광·문화·유통 보복, 비공식적인 규제와 단속은 한국 기업에 뼈아픈 경험으로 남아 있다. 정치·안보 갈등이 생기면 언제든 특정 산업을 겨냥한 '표적 조치'가 나올 수 있다는 사실을 몸으로 겪었다. 한때 대규모 투자를 안고 중국에 들어갔던 한국 기업들이 서서히 철수하거나 생산 거점을 옮기는 이유도 여기에 있다. 시장은 여전히 크지만, 리스크 역시 그만큼 커졌다.

게다가 중국의 대만 무력 침공 가능성을 전 세계가 우려하면서 한국 외교의 고민은 한층 더 복잡해졌다. 대만해협에서 충돌이 발생할 경우, 단순히 한 지역의 안보 문제가 아니라 반도체, 해운, 에너지, 금융이 동시에 흔들리는 글로벌 위기로 번질 수 있다. 한국은 안보 면에서는 미국과 동맹을 맺고 있지만, 경제 면에서는 중국 의존도가 여전히 무겁다. 어느 한쪽을 택하라는 식의 압박이 거세질수록 한국이 설 수 있는 외교적 공간은 더 좁아질 수밖에 없다.

그렇다고 중국을 '위험하니 적당히 끊어내야 할 대상'으로만 볼 수도 없다. 거대한 내수 시장, 제조 인프라, 원자재와 중간재 공급망에서 중국은 여전히 다른 나라로 단기간에 대체하기 어려운 존재다. 문제는 '올인'이 아니라 '분산'이다. 특정 산업과 품목에서 과도한 의존을 줄이고 대체 시장과 공급망을 다변화하는 한편, 가능한 분야에서 실리를 챙기는 방식으로 구조를 재조정해야 한다. 공급망, 에너지, 원자재, 첨단 기술이 모두 얽힌 경제 안보의 관점이 필요한 이유다.

그렇기에 앞으로 중국을 상대할 때 미국과 일본, 유럽과의 관계를 동시에 계산하는 능력이 필요하다. 반도체, 배터리, AI, 통신 장비처럼 안보와 직결된 산업일수록 미국과 서방 진영은 중국을 견제하는 규범과 제도를 강화하려 한다. 한국이 중국과 협력할 여지는 점점 줄어드는 대신, 미국의 기술·안보 협력 요구는 더 거세질 것이다. 이 사이에서 한국이 취할 수 있는 선택지는 '모든 바구니에 조금씩 발을 담그되, 어디에 가장 큰 무게를 실을지 미리 정하는 것'이다.

대만해협 위기 관리에 대한 현실적 시나리오를 준비하는 일도 무시할 수 없다. 중국과 대만 사이 긴장이 고조될 때 한국이 어떤 발언을 하고 어떤 행동을 할지, 군사·외교·경제 차원에서 여러 경우의

수를 가정해야 한다. 미국의 요구, 중국의 반발, 국내 여론, 기업의 이해관계가 한꺼번에 얽히기 때문이다. 애매한 판단으로 버틸 수 있는 시기와, 분명한 입장을 밝힐 수밖에 없는 순간을 구분하는 감각이 필요하다.

역사·안보 갈등이 아무리 복잡해도 '중국 리스크'를 감당해야 하는 주체는 결국 한국 자신이다. 무엇을 계속 가져갈지, 무엇은 단계적으로 줄여갈지, 산업별로 세밀한 전략을 세워야 한다.

중국은 한국의 '가장 큰 시장'이면서 동시에 '가장 큰 리스크'가 된 상대다. 이 모순을 외면하지 않고 정면으로 들여다보는 것이 외교의 출발점이다. 중국을 악마화할 필요도, 과거처럼 무조건적인 성장 엔진으로만 미화할 필요도 없다. 냉정하게 이득과 위험을 저울질하면서 의존과 경쟁, 협력과 견제를 동시에 설계하는 것, 그것이 앞으로 한국이 중국을 대하는 외교에서 피할 수 없는 숙제다.

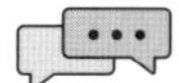

'중국의 국부', 시진핑 국가주석

작금의 중국에서 시진핑이라는 이름을 지울 수 있을까? 그는 공산당 총서기, 국가주석, 중앙군사위원회 주석을 동시에 맡은 사람이고, 이른바 당·정·군을 한꺼번에 쥔 몇 안 되는 지도자다. 덩샤오핑 이후 나름대로 유지되던 집단지도체제가 점점 사라지고 1인 중심 체제로 회귀하는 흐름의 정점이 시진핑이라고 봐야 한다.

집권 초반 시진핑은 '반부패 사정'을 앞세워 군부와 관료 사회를 강하게 쓸어냈다. 부패 척결이라는 명분이 워낙 강력해서 중국 인민에게도 꽤 큰 지지를 받았지만, 동시에 잠재적 경쟁 세력을 정리하는 정치 기술이기도 했다. 국가주석 연임 제한을 없애고 3연임 체제를 굳힌 것도 같은 흐름 안에 있다. 지도자가 바뀌어도 노선은 유지된다는 집단지도체계에서, 지도자와 노선이 거의 동일시되는 구조로 바뀐 셈이다. 그만큼 시진핑 개인의 입지는 공고하지만, 정치·경제 실패의 책임도 한몸에 뒤집어쓰는 구조다.

시진핑이 그리는 성장 전략은 '고속 성장'에서 '고품질 성장'으로 궤도를 바꾸겠다는 그림에 가깝다. 값싼 인건비와 부동산·인프라 투자로 끌어올리던 성장 모델이 한계에 부딪히자 기술 자립과 내수 확대로 방향을 틀려는 시도다. 소위 '쌍순환' 전략이 이런 고민의 산물이다. 해외시장과 글로벌 공급망을 활용하되, 핵심 축은 국내 소비와 자체 기술력에 두겠다는 계산이다. 반도체, 전기차, 배터리, AI, 항공우주, 군민 복합 산업에 막대한 자본과 정책 지원이 몰리는 이유가 여기서 나온다.

다만 성장 전략이 말처럼 매끄럽게 흘러가는 상황은 아니다. 부동산 버블 후유증, 지방정부 부채, 청년 실업, 미중 기술 패권 경쟁이 동시에 발목을 잡고 있다. 시진핑은 성장률 숫자를 조금 낮추는 대신 정치적 통제력을 강화하고, "공동부유" 같은 구호로 불평등 완화 이미지를 덧입히려 한다. 시장 친화적 성장과 이념 통제 사이에서 줄타기를 하는 셈인데, 어느 쪽으로 기울지에 따라 중국 경제의 체력은 크게 달라질 수밖에 없다.

외교·안보 분야에서 시진핑은 '중국몽'이라는 긴 호흡의 이야기를 꺼냈다. 2049년, 중국 건국 100주년에 이르러 중화민족의 위대한 부흥을 이루겠다는 서사다. 여기에는 단순한 경제 대국을 넘어, 국제 질서의 규칙을 함께 만들고 수정하는 강대국이 되겠다는 욕망이 숨어 있다. 일대일로, 아시아인프라투자은행, 상하이협력기구, 브릭스 확대 같은 프로젝트 모두 그 서사를 떠받치는 도구다.

외교 스타일은 점점 거칠어졌다. 남중국해 인공섬 군사 기지화, 홍콩 보안법, 인도와의 국경 충돌, 이른바 '전랑 외교'라 불리는 공격적 언행까지, 주변국과 서방 국가들이 느끼는 압박감은 분명 커졌다. 동시에 전통적인 개발도상국, 이른바 글로벌 사우스 국가를 상대로는 '서구와 다른 선택지'를 제공하는 파트너 이미지를 강조한다. 미국이 주도하는 질서를 그대로 받아들이지 않겠다는 의지를 행동으로 보여주려는 셈이다.

대만 문제로 시선을 돌리면 긴장감이 훨씬 더 짙어진다. 대만은 중국 현대사에서 미완의 내전을 상징하는 공간이다. 공산당 정권의 입장에서 대만 문제는 영토 분쟁이면서 동시에 정통성 문제다. '통일'을 완전히 포기하는 순간 중국 공산당이 내세워온 역사적 미션도 흔들린다. 그래서 시진핑은 여러 차례 '통일을 다음 세대로 미룰 수 없다'라는 취지의 발언을 하며 목표를 분명히 못 박았다.

지리적 이점도 무시하기 어렵다. 대만은 미국-일본-필리핀-한국으로 이어지는 '제1도련선' 한복판에 놓여 있다. 중국 입장에서 이 섬은 서태평양으로 나가는 바다 관문이자, 미국과 동맹국의 포위망을 끊어내는 열쇠다. 대만을 장악하면 중국 해군이 훨씬 자유롭게 심해로 진출할 수 있고, 일본 남서부와 괌, 하와이에 이르는 미군 전진기지 체계를 훨씬 가까이 압박할 수 있다.

경제·기술 측면에서 대만의 가치는 더 커졌다. 세계 최고 수준의 반도체 위탁생산 기업이 대만에 모여 있고, 특히 선단 공정 생산 능력은 사실상 대체재가 없다. AI, 5G, 클라우드, 군사·우주 산업 어느 쪽을 보더라도 이 반도체 생태계가 핵심 부품을 책임진다. 중국이 어디까지나 자립을 강조하면서도 여전히 첨단 장비와 설계, 공정에서 대만, 미국, 일본, 유럽에 뒤처져 있다는 점을 감안하면, 대만의 반도체 산업은 매력적인 '한 입'처럼 보일 수밖에 없다.

그래서 일부에서는 2026년을 전후한 양안 무력 충돌 가능성을 거론한다. 전면전은 중국에도 엄청난 도박이다. 상륙전은 군사작전 가운데 난도가 가장 높은 편이고, 미국, 일본, 유럽의 제재와 공급망 단절, 에너지·식량 수입 차질까지 감안하면 중국 경제가 입을 타격은 상상 이상일 수 있다. 전쟁을 벌여 반도체 공장을 손에 넣는다 해도, 시설이 파괴되거나 글로벌 고객이 등을 돌리면 얻는 것보다 잃는 것이 훨씬 커진다.

그럼에도 중국 지도부는 무력 옵션을 테이블 위에서 완전히 치우지는 못한다. 대만을 둘러싼 군사훈련 강화, 중간선 무력화, 해상과 공중에서의 압박은 전쟁과 평화 사이 회색 지대를 넓히는 전형적인 압박 전술이다. 전면전까지 가지 않더라도 봉쇄, 국지 충돌, 사이버 공격, 내부 여론전 같은 수단을 섞어 대만을 점점 숨 막히게 만들려는 시도라고 볼 수 있다. 지리적 이점과 반도체라는 전략 자산을 동시에 노리면서 큰 전쟁을 최대한 피하려는 '진퇴양난'의 계산이 겹친 구조다.

우리 입장에서 중국 경제의 방향, 미중 경쟁의 수위, 대만해협의 군사적 긴장도에 따라 우리의 안보와 수출, 공급망 전체가 영향을 받는다. 시진핑을 과소평가해도, 과대평가해도 둘 다 위험하다. 중국이 어떤 꿈을 꾸는지, 그 꿈을 이루기 위해 어디까지 밀어붙일지, 그 과정에서 어디를 양보할 수 있을지를 차분하게 읽어내야 한다. 그래야만 한중 관계를 관리하면서도 최악의 시나리오에 대비하는 현실적인 외교 전략이 나온다.

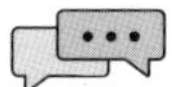

따라잡아야 할 경쟁자이자 동료, 일본

한일 관계를 떠올리면 복잡한 감정이 든다. 역사 문제만 나오면 이웃 나라가 아니라 '앙숙'처럼 느껴지고, 경제와 안보를 이야기하기 시작하면 어느새 '없어서는 곤란한 파트너'로 바뀐다. 한국 입장에서 일본은 끝까지 따라잡아야 할 경쟁자이자, 동시에 손을 잡고 세계 시장을 헤쳐 나가야 할 동료에 가깝다.

현재 그 일본의 키를 쥐고 있는 인물은 다카이치 사나에 총리다. 일본 최초의 여성 총리이자, 아베 신조 전 총리와 가까운 보수 정치인으로 알려져 있다. 헌법 9조 개정, 군사력 강화, 야스쿠니 신사 참배, 전쟁 책임을 둘러싼 인식까지 전반적인 노선이 상당히 오른쪽에 서 있다. 전후 일본이 쌓아 올린 '평화국가' 이미지에서 한 발 더 멀어질 수 있다는 신호로 봐도 무리가 없다.

경제정책 역시 아베노믹스를 계승하며 강화하는 방향이다. 대규모 재정 지출과 통화 완화, 규제 개혁을 앞세워 침체된 내수를 살리고, 엔저에 가까운 환율 환경을 유지해 수출 경쟁력을 키우려는 구상이다. 새 내각이 거론하는 추가 경기 부양 규모만 봐도, 코로나19 시기 못지않은 수준의 과감한 돈 풀기를 예고하고 있다. 한국 기업에는 이 정책의 의미가 단순하지 않다. 일본이 다시 '공격적인 산업국가' 모드로 돌아설 경우, 반도체·자동차·배터리·소재·부품 등에서 정면 승부를 벌여야 할 순간이 많아진다.

역사와 안보 인식은 한일 외교에서 가장 예민한 지점이다. 다카이치 총리는 전쟁 책임과 식민지 지배를 둘러싼 과거의 사과 담화를 공개적으로 비판한 전력이 있고, 야스쿠니 신사에 여러 차례 발길을 옮겼다. 이런 행보가 계속된다면 위안부·강제 동원, 독도, 교과서 서술 문제에서 마찰이 재점화될 가능성이 크다. 한국 입장에서는 감정적으로 대응하고 싶어지는 대목이지만, 외교적으로는 냉정하게 선을 긋는 작업이 중요해진다. 합의할 수 없는 영역은 분명히 선을 긋고, 동시에 협력이 가능한 분야를 따로 떼어 관리하는 '투트랙' 접근이 더 절실해졌다.

안보 지형은 더 복잡하다. 일본은 이미 방위비를 크게 늘리고, 집단적 자위권 해석을 넓히면서 '보통국가'를 향해 속도를 높여왔다. 여기에 다카이치 총리의 태도까지 겹치면서 대만 유사시 개입을 시사하는 발언이 나와 중국과 신경전이 거세지고 있나. 중국은 일본산 수산물 수입을 중단하고, 자국민의 일본 여행 자제를 권고하는 식으로 압박 수위를 높이는 중이다.

이 흐름은 한국에게 두 가지 상반된 영향을 준다. 하나는 북한과 중국, 러시아를 상대로 한 억지력 강화다. 미국과 일본이 한반도와 주변 지역에서 군사적 존재감을 키우면, 한국은 보다 두터운 안보 우산 아래 들어갈 수 있다. 미사일 정보 공유, 대잠수함·방공 협력, 사이버·우주 영역까지 세 나라의 협력이 깊어질수록 북한이 오판할 여지는 줄어든다. 다른 하나는 한국이 원치 않는 갈등에 휘말릴 위험이다. 대만해협에서 실제 충돌이 벌어질 경우, 강화된 미일 동맹과 한·미·일 공조 체계 속에서 한국이 어느 지점까지 관여할지, 중국의 보복을 어떻게 감수할지라는 질문이 곧바로 튀어나온다.

경제 관계도 냉정하게 보면 '동지와 라이벌'이 한몸에 붙어 있는 구조다. 반도체, 2차전지, 자동차, 조선, 기계, 로봇, 바이오 등 주요 산업에서 한국과 일본은 수출 시장을 놓고 경쟁한다. 동시에 첨단 소재 및 장비와 부품, 인프라, 인도·동남아 프로젝트에서는 손을 잡아야 할 때가 늘었다. 일본의 기술과 자본, 한국의 제조·플랫폼 역량을 엮으면 중국과 서구에 맞설 수 있는 공동 상품이 된다. 문제는 산업 전략 없이 '관계 개선'이라는 말만 앞세워 들어갈 경우, 시장에서 자리를 뺏기는 쪽이 한국이 될 가능성도 높다는 점이다.

일본이 아베노믹스 후속 버전으로 내수를 자극하고 산업 경쟁력을 끌어올리면 수출 시장에서 경쟁은 더 치열해질 수밖에 없다. 한국은 같은 제품으로 정면 승부를 벌이기보다는, 일본이 상대적으로 약한 디지털 서비스, 플랫폼, 콘텐츠, 융합 산업에서 우위를 넓혀야 한다. 동시에 반도체 장비와 소재, 탄소중립 인프라, 고령화 대응 헬스 케어처럼 서로의 강점을 묶을 수 있는 분야는 적극적으로 공동 프로젝트를 기획하는 편이 장기적으로 이득이다.

복잡한 정세에 따라 실용적 안보 협력이 필요한 상황이다. 북한 미사일 경보, 해상 충돌 방지, 국제 제재 이행, 해상 교통로 보호처럼 상호 이익이 분명한 분야에서는 일본과 과감히 협력해야 한다. 다만 일본의 군사적 역할 확대가 한반도 문제 개입으로 이어질 경우, 어디까지 허용할지에 대해 한국이 주도적으로 기준을 제시해야 한다. 미국만 바라보고 조정권을 넘겨버리면, 한일 관계가 아니라 '미일 패키지'에 끌려가는 모양새가 되기 쉽다.

하지만 역사·영토 문제를 잊어서는 안 된다. 과거사와 독도는 어떤 정권이 들어서도 한국이 양보하거나 봉인할 수 없는 영역이다. 국내 법원 판결과 피해자 인권, 국제 기준을 근거로 한국의 입장을 일관되게 유지해야 한다. 다카이치 내각이 더 보수적인 메시지를 내더라도, 감정적 설전으로 끌려들어가기보다 차분한 팩트와 원칙을 반복해서 쌓아 올리는 전략이 필요하다.

일본 내부의 다양성을 보는 시각이 필요하다. 총리가 우경화 성향을 가졌다고 해서 일본 사회 전체가 한 방향으로 움직이는 것은 아니다. 지방자치단체, 시민사회, 학계, 경제계 안에는 여진히 평화주의와 동아시아 협력을 중시하는 흐름이 존재한다. 외교는 정권과만 하는 작업이 아니다. 도시 간 교류, 청년 프로그램, 문화·스포츠 협력, 연구 네트워크를 촘촘히 깔아둘수록, 정권 교체와 관계없이 유지되는 '하부 외교'가 한국의 안전망이 된다.

따라잡아야 할 경쟁자이자, 위기 때 등을 맡길 수 있는 동료. 일본과의 관계를 한 문장으로 정리하자면 이런 모순된 표현이 가장 가깝다. 다카이치 총리 체제 아래 일본의 진로가 오른쪽으로 더 꺾일 가능성이 커진 만큼, 한국은 감정 대신 계산, 선전 대신 전략으로 대응해야 한다. 그 과정에서 우리가 얼마나 냉정하게 국익의 우선순위를 세우느냐가 한일 외교의 다음 10년을 갈라놓을 것이다.

'여자 아베', 다카이치 사나에 일본 총리

살다 보니 '여자 아베'라고 불리는 사람이 나오기도 한다. 다카이치 총리는 '강경'과 '뚝심'으로 크게 알려진 정치인이다. 자민당 내부에서도 보수 우파 스펙트럼의 끝단에 서 있던 인물이 총리 자리에 올랐다는 사실 자체가, 일본 유권자 다수가 안보 불안을 상당히 크게 느끼고 있다는 방증이기도 하다. 경제는 정체되고, 인구는 줄고, 주변에는 중국과 북한, 러시아가 동시에 군사력을 키우는 상황이니, 일본 안에서 '힘으로라도 버텨야 한다'라는 여론이 힘을 얻은 셈이다. 다카이치의 입지는 바로 그 불안과 위기감 위에 세워져 있다.

내부 권력 구도를 보면 다카이치는 자민당 보수파, 특히 아베 전 총리의 유산을 잇는 상징에 가깝다. 헌법 9조 개정, 자위대를 명시적인 군대로 격상, 야스쿠니 신사 참배를 둘러싼 역사 인식까지, 그동안 일본 보수의 욕망이지만 공공연히 밀어붙이기 어려웠던 의제들을 노골적으로 대표해왔다. 이후에도 '전쟁을 할 수 있는 보통 국가'에 더 가까워지는 방향으로 안보 전략을 정비하려 할 가능성이 크다. 그렇다고 경제를 완전히 외면할 수는 없기에, 아베노믹스를 변형한 완화적 통화정책과 재정 지출을 이어가면서 방위산업과 첨단 산업을 동시에 키우려는 '국가 주도 성장'에 무게를 실을 공산이 크다.

다카이치가 추구하는 성장 전략의 핵심은 군사력 강화와 경제 구조 조정을 동시에 해내겠다는 것이다. 일본은 이미 방위비를 국내 총생산의 2% 수준까지 올리겠다고 선언했고, 장거리 미사일과 반격 능력을 확보하고 사이버·우주·전자전 능력을 확대하는 방향으로 돈을 쏟아붓고 있다. 다카이치 총리는 이런 추세를 단순히 '필요한 방어' 수준이 아니라, 방위산업을 새로운 성장 축으로 삼는 쪽으로 더 밀어붙이려 할 수 있다. 무기 수출 규제를 완화하고, 동맹국과의 공동 개발, 공동 생산을 강화하면 안보와 수출 두 마리 토끼를 동시에 쫓을 수 있다는 계산이 깔려 있다.

경제정책에서도 '전후 모델'과 결별하려는 의지가 드러난다. 저금리와 엔저를 활용해 수출 대기업과 제조업을 살리고, 반도체, 배터리, 녹색 기술, 디지털 전환에 대규모 보조금을 쏟아붓는 방식이다. 미국 및 유럽과의 공급망 협력에서 일본 기업이 핵심 노드를 맡도록 만들고, 동남아와 인도 등에서 생산 기지를 확장해 '친한 국가끼리 묶이는 공급망' 흐름을 선점하려 할 것이다. 장기 침체와 디플레이션으로 흔들리던 경제를 '안보와 기술' 두 축으로 재구성하겠다는 구상이다.

외교 무대에서 다카이치의 일본은 훨씬 선이 굵은 플레이를 보일 가능성이 크다. 대미 관계에서는 기존처럼 동맹을 기둥으로 삼되, 단순한 추종국이 아니라 적극적인 '전위대' 역할을 자처하는 모습이 그려진다. 인도·태평양 전략에서 선봉에 서고, 호주, 인도, 동남아와 안보 협력을 확대하며, 대중국 견제망에서 핵심 허브가 되려할 수 있다. 동시에 유럽과는 가치 외교를 강조하며 민주주의와 법치, 인권을 내세워 중국 및 러시아와 선을 긋는 그림을 그릴 수 있다.

양안 전쟁 가능성이 거론되는 상황에서 다카이치 총리가 보일태도는 비교적 짐작하기 쉽다. 중국이 대만을 무력으로 압박하거나실제 전투가 벌어질 경우, 일본 자체가 곧바로 '전쟁 이웃'이 된다. 오키나와, 규슈, 남서 도서 지역은 미군 기지와 자위대 기지가 밀집한 곳이고, 대만해협과 일본열도 사이 해역은 일본의 생존에 직결되는 해상 교통로다. 다카이치 입장에서는 '대만 유사'는 곧 '일본 유사'라는 논리를 전면에 내세우며 자위대 투입과 후방 지원, 미군과의 공동 작전을 당연한 선택처럼 밀어붙이려 할 가능성이 높다.

그 과정에서 양안 전쟁을 '군사 대국화'의 호기로 보는 시선도생길 수 있다. 위기 대응을 명분으로 자위대의 역할과 권한을 넓히고, 집단적 자위권 행사 범위를 확대하며, 평화헌법 개정 논의를 본격화할 수 있기 때문이다. 방위비 증액을 더 쉽게 정당화하고, 미사일 방어·우주·사이버 인프라 확충도 속도를 낼 수 있다. 일본 사회안에 남아 있던 '전쟁에 대한 죄책감'과 '군사력 확대에 대한 거부감'을 위기 국면 속에서 희석시키는 효과도 기대할 수 있다.

대만 반도체에 대한 관심 역시 결코 작지 않을 것이다. 일본은오랫동안 반도체 소재와 장비에서 강점을 갖고 있으면서도, 완제품생산에서는 한국과 대만, 미국에 밀려왔다. 대만이 흔들리면 글로벌 반도체 공급망 전체가 재편될 수밖에 없고, 이 틈에 일본은 자국 내 반도체 공장 유치와 기술 투자 확대를 통해 '잃어버린 위상'을 일부 되찾으려 할 수 있다. 다카이치 총리는 중국이 대만 반도체를 사실상 장악하는 상황을 막아야 한다는 명분 아래 미국과 유럽, 한국과 함께 '반도체 동맹'을 강화하는 쪽으로 움직일 가능성이 크다.

중국과의 관계는 사실상 냉전 모드에 가까워질 수밖에 없다. 동중국해 영유권 문제, 센카쿠열도(댜오위다오) 분쟁, 대만해협 긴장, 인권과 통치 시스템 문제까지 충돌 지점이 너무 많다. 다카이치 총리는 중국에 대한 경제 의존도를 서서히 줄이고, 안보 리스크가 근 분야에서 중국을 배제하는 방향으로 디커플링을 밀어붙일 가능성이 크다. 동시에 중국과 정면충돌은 피하면서도 해양 진출과 군사 활동에는 강력한 경고를 보내는 '강경 억지' 노선을 택하려 할 것이다.

다카이치는 일본 안에서 '전후 질서를 끝내고 새 질서를 열고 싶어 하는 정치 세력'의 얼굴에 가깝다. 그 변화가 주변국에 어떤 파장을 가져올지를 차분히 계산하는 일은 결국 우리 몫이다. 감정과 과거사만으로는 이 인물을 다 읽기 어렵다. 일본 내부의 우려와 욕망, 성장 정체와 안보 불안을 함께 읽어야, 다카이치 시대 일본과 어떻게 거리를 두고, 어디서 손을 잡을지에 대한 현실적인 답이 보인다.

수십 개 나라의 공동체, 유럽연합

유럽을 여행하다 보면 정말 좋은 점이 하나 있다. 여러 나라를 몇 번이나 넘나들었는데 여권 검사도 없고, 돈도 똑같은 유로를 쓴다. 겉으로는 프랑스, 독일, 이탈리아 등 각자 깃발을 들고 서 있지만, 그 뒤에는 수십 개 나라가 한몸처럼 움직이는 공동체가 있다. 우리가 상대해야 할 '유럽연합'이다.

한국 외교에서 유럽연합이 까다로운 상대이면서도 놓칠 수 없는 이유는 단순하다. 먼저 단일 시장이라는 점이다. 한번 기준을 맞추면 여러 나라를 동시에 상대할 수 있는 거대한 시장이 열린다. 대신 환경, 노동, 개인정보, 경쟁 정책까지 규칙이 매우 촘촘하다. 유럽의 기준을 통과하면 사실상 세계 어디로 나가도 통하는 경우가 많아서, 한국 기업 입장에서는 부담이자 동시에 기회가 된다.

가치 외교의 파트너라는 점도 중요하다. 유럽연합은 민주주의, 인권, 법치, 다자주의를 강하게 내세우는 편이다. 한국도 기본적으로 같은 축에 서 있기 때문에, 무역 분쟁이 있더라도 기후 위기, 개발 협력, 인권, 보건 같은 의제에서는 손을 잡기 쉬운 구조가 만들어진다. 미국과 중국 사이에서 흔들리지 않기 위해서는 유럽과의 이런 '가치 동맹'을 잘 활용해야 한다.

디지털·그린 전환은 우리에게 남은 큰 숙제다. 유럽연합은 탄소중립과 디지털 규범에서 가장 앞서 나가려 한다. 탄소 배출 규제, 전기차, 배터리, 재생에너지, 데이터 보호 같은 문제에서 유럽이 사실상 새로운 룰을 만들고 있고, 한국은 그 룰을 따라가면서 동시에 기술과 투자 협력을 늘릴 수 있다. 뒤늦게 끌려다니면 규제 대상이 되고, 먼저 섞여 들어가면 룰 설계에 목소리를 낼 수 있는 자리도 생긴다.

마지막으로 잊지 말아야 할 점은 유럽연합이 한 조직이지만, 속을 들여다보면 여전히 여러 나라의 이해관계가 부딪힌다는 사실이다. 독일과 프랑스, 동유럽과 남유럽이 같은 안건을 두고 다른 계산을 하는 경우가 많다. 그래서 한국 외교는 브뤼셀의 유럽연합 기관만 보는 것이 아니라 베를린, 파리, 바르샤바 같은 수도들의 움직임까지 함께 읽어야 한다.

유럽연합과의 외교에서 단일 시장의 규칙을 부담이 아니라 기회로 바꾸는 눈, 미국과 중국에만 기댈 수 없는 시대에 제3의 축으로 유럽을 활용하는 전략, 그리고 '하나 같지만 여럿인' 유럽의 특성을 세밀하게 읽어내는 감각이 필요하다. 이 감각을 얼마나 잘 갖추느냐에 따라, 한국이 유럽을 단순한 먼 시장으로 볼지, 함께 세계 질서를 설계하는 동반자로 볼지가 갈라진다.

새롭게 열릴 준비가 된 중남미

북미와 달리 중남미는 우리나라와 참 먼 나라다. 중남미 전문가들은 사람의 성향이 우리나라와 꽤 비슷하다고 한다. 가족과 의리가 중심인 사회, 열정적인 사람들, 먹고 마시고 즐기기 좋아하는 문화 등이 우리나라와 닮아 있다. 이 정도면 한국에서 가장 멀리 떨어진 곳이면서, 앞으로 가장 가까워져야 할 지역이라고 할 수 있지 않을까?

중남미를 한 덩어리로 보면 감이 잘 안 온다. 멕시코와 브라질 같은 제조·소비 대국이 있고, 칠레와 페루처럼 구리 및 리튬 같은 광물이 넘치는 나라가 있고, 콜롬비아와 아르헨티나처럼 농업과 자원이 함께 버티고 선 나라가 있다. 자동차와 가전, 배터리, 인프라, 어느 산업을 펼쳐놔도 한국 기업이 들어갈 수 있는 틈새가 보이는 시장이다. 중국과 미국, 유럽에 치우친 수출 구조를 바꾸려면 이 지역을 어떻게 여느냐가 관건이 된다.

자원 관점에서 보면 중남미는 말 그대로 '보물창고'다. 전기차 배터리에 들어가는 리튬과 니켈, 재생에너지 인프라에 필요한 구리, 곡물과 에너지까지 한 번에 묶여 있다. 한국이 에너지 전환과 공급망 안전을 동시에 챙기려면 중남미와 장기 계약, 공동 투자, 기술협력을 설계해야 한다. 중국이 이미 깊숙이 파고든 만큼, 지금처럼 뒷

북만 치다가는 좋은 자리를 죄다 빼앗길 위험이 크다.

중남미는 정치·외교적으로는 롤러코스터 같은 지역이기도 하다. 정권이 바뀔 때마다 친미와 반미, 친시장·반시장 기조가 크게 요동친다. 그래서 한국 외교는 '정권 한 번 바뀌면 원점'인 관계를 맺기보다 인프라와 보건, 교육, 디지털 같은 장기 의제를 미리 깔아두는 게 중요하다. 정권이 달라져도 필요성이 사라지지 않는 분야를 찾아야 중남미 정책이 땜질되지 않는다.

또 하나 간과하기 쉬운 포인트가 사람이다. K-팝 공연장, 드라마 팬덤에서 이미 중남미는 가장 뜨거운 지역 중 하나다. 문화가 먼저 길을 열어놓은 만큼, 정부와 기업이 뒤따라가 정식 외교·비즈니스 네트워크로 연결해야 한다. 장학생 프로그램, 청년 교류, 한국과 중남미 공동 콘텐츠 제작 같은 '사람 투자'는 숫자가 바로 안 보이지만 몇 년 뒤에는 확실한 정치·경제 자산이 된다.

결국 중남미 외교에서 가장 중요한 건 두 가지다. 첫째, 자원과 시장, 공급망을 엮어 한국 경제의 새로운 축으로 키우겠다는 장기 그림이다. 둘째, 정권 변화와 거리의 장벽을 '문화와 사람'으로 메우겠다는 인내다. 새롭게 열릴 준비가 된 건 중남미만이 아니다. 한국 외교가 이 지역을 진짜 파트너로 대할 준비를 했는지, 그 질문에 어떻게 답하느냐에 따라 중남미는 '먼 시장'이 될 수도 있고, '제2의 성장 무대'가 될 수도 있다.

무수한 자원이 넘쳐나는 아프리카

아프리카 문화를 잘 아는 한국인이 몇이나 될까? 멀고도 먼 아프리카다. 여행을 가기도 어렵고, 사업을 하기란 더더욱 어렵다. 선교 단체 등이 방문할 뿐이지, 일반 시민의 아프리카 방문은 이집트 여행 정도가 대부분일 것이다. 하지만 아프리카 대륙은 유럽과 중국, 인도, 미국을 다 집어넣어도 면적이 남을 만큼 거대하다. 그 안에 석유와 가스, 리튬과 코발트 같은 광물, 농업 잠재력, 폭발적으로 늘어나는 청년 인구까지 있으니, '자원의 보고'라는 말이 과장이 아니다. 그러니 아프리카를 공부하지 않으면 향후 거대한 기회를 놓칠 수 있다.

아프리카는 에너지 전환과 공급망 전쟁이 격해질수록 주목받을 것이다. 배터리와 전기차, 재생에너지 설비에 들어가는 핵심 광물 상당수가 아프리카에서 나온다. 곡물과 식량, 풍력·태양광발전 단지도 앞으로는 이 대륙이 핵심 축이 된다. 에너지, 식량, 광물이라는 국가 생존 3대 요소를 생각하면, 아프리카는 선택이 아니라 필수 영역에 가깝다.

문제는 모두가 그 사실을 알고 있다는 점이다. 이미 중국, 유럽, 미국, 중동 국가들이 앞다투어 인프라와 광산, 항만, 통신망에 투자해왔다. 한국이 지금 들어가면 '뒤늦게 끼어드는 후발주자' 위치에서 출발해야 한다. 그렇다고 포기하기에는 손해가 너무 크다. 그래서 전략이 필요하다. 단순히 원자재를 싸게 들여오는 거래 관계가 아니라, 인프라와 교육, 보건, 디지털을 묶은 장기 파트너십을 설계해야 한다.

외교적으로 가장 중요한 포인트는 '동등한 파트너'라는 관점이다. 아프리카는 식민지 경험과 불평등한 거래에 대한 기억이 깊다. 겉으로는 투자와 원조를 내세우면서 실제로는 자원만 빼가는 태도에 대한 반감이 크다. 한국이 여기서 서구 열강이나 신新제국주의 국가와 같은 모습으로 비칠 경우, 처음에는 계약을 따낼 수 있어도 신뢰를 쌓기는 어렵다. 기술 이전, 현지 고용, 행정 역량 강화, 교육 협력을 패키지로 묶어 '함께 크겠다'라는 신호를 분명히 보여줄 필요가 있다.

또 하나는 리스크 관리다. 일부 국가는 정치적 불안, 부패, 치안 문제로 악명이 높다. 정권이 바뀌면 계약이 뒤집히거나 인프라 사업이 중단될 가능성도 있다. 그래서 공적 개발원조와 민간 투자를 적절히 섞고, 다자개발은행이나 국제기구와 함께 들어가는 방식이 상대적으로 안전하다. 한 나라에 과도하게 올인하기보다, 몇 개 지역과 분야를 나눠서 단계적으로 깊이를 키워가는 접근이 현실적이다.

한국이 강점을 살릴 수 있는 분야도 분명하다. 상대적으로 짧은 시간에 산업화와 민주화를 동시에 경험한 나라로서, 중소도시 인프라, 산업단지 조성, 보건·교육 시스템, 전자정부, 모바일 금융 같은 패키지를 제안할 수 있다. K-콘텐츠와 교육, 장학생 프로그램을 통해 아프리카의 미래 엘리트를 한국과 연결하는 작업도 장기적으로는 강력한 외교 자산이 된다. 오늘의 유학생과 연수생이 내일의 장관과 기업인이 되는 경우가 적지 않기 때문이다.

결국 아프리카 외교의 핵심은 두 줄로 정리된다. '자원을 따라가되 사람을 남긴다'는 것, 그리고 '단기 이익보다 장기 신뢰를 택한다'는 것이다. 아프리카를 여전히 먼 대륙으로 볼지, 한국 외교와 경제의 새로운 축으로 볼지는 우리 선택에 달려 있다. 지금 이 대륙을 어떻게 대하느냐에 따라, 10년 뒤 한국이 설 수 있는 세계 지도 위 자리도 함께 달라질 것이다.

전쟁을 통해 성장한 나라

전쟁터 한쪽에서는 도시가 무너지고 있는데, 국경 건너 공장 굴뚝에서는 연기가 더 짙어진다. 총성이 멎지 않는 와중에 누군가는 피를 흘리고, 또 다른 누군가는 주문서 더미를 쌓아간다. 전쟁을 통해 성장한 나라는 그러했다.

한국전쟁 때가 그랬다. 한반도는 잿더미가 됐지만, 바다 건너 일본 경제는 '특수'라는 이름의 산소호흡기를 달았다. 군복, 탄약, 식량, 건설 자재, 차량 부품까지 온갖 물자가 일본 공장에서 쏟아져 나왔다. 패전국으로 주저앉았던 일본 제조업이 다시 숨을 고르고 일어서게 만든 기폭제가 한국전쟁이었다. 전쟁터를 기준으로 한쪽은 삶의 터전을 잃고, 다른 한쪽은 공장 라인을 늘려갔다.

베트남전쟁 때는 한국이 비슷한 위치에 섰다. 수많은 장병이 파병됐고, 그 뒤를 따라 건설·통신·물류 회사가 베트남과 주변 지역으로 들어갔다. 도로와 항만, 각종 군사 시설을 짓는 과정에서 한국 기업은 거대한 공사를 도맡아 수행했다. 파병 대가와 각종 계약에서 들어온 돈이 산업화 초기에 중요한 자금줄이 됐다. 전쟁터 한복판에서 흘린 땀과 눈물이, 역설적으로 한국 경제성장의 연료가 되어버린 것이다.

제1·2차 세계대전에서 미국이 서 있던 자리도 비슷하다. 본토는 제한적인 공격만 받았을 뿐 정면으로 초토화되지 않았다. 미국은 '세계의 병참기지' 역할을 맡으며 군함과 전투기, 탱크와 탄약을 대량생산했다. 전시경제체제에서 확장된 산업 기반은 종전 뒤 민간 생산으로 갈아타며 미국을 단숨에 초강대국 반열에 올려놓았다. 유럽과 아시아가 폐허가 된 사이, 바다 건너 공장들은 더 거대한 시장을 맞이할 준비를 끝냈다.

냉정하게 말하면, 전쟁은 '아무도 원하지 않는 재난'이 아니라, 누군가에게는 철저히 계산된 사업이기도 하다. 탄약과 전차, 전투기를 파는 방산 기업이 있고, 전쟁으로 치솟은 에너지 가격에 이득을 보는 산유국이 있다. 파괴가 끝난 뒤에는 재건 사업이라는 이름으로 건설·통신·인프라 기업이 줄줄이 들어간다. 겉으로는 평화를 말하면서 속으로는 '저 나라에서 전쟁이 나면 우리에게 이득이 되지 않을까' 같은 끔찍한 계산을 굴리는 사람도 분명 어딘가에는 존재한다.

전쟁이 필연적으로 벌어진다는 사실을 인정한다고 해서 전쟁을 정당화할 수는 없다. 다만 외교를 할 때 이런 그림을 머릿속에 함께 떠올릴 필요는 있다. 전쟁이 왜 터졌는지 분석할 때 당사국의 갈등만 볼 게 아니라, 그 주변에서 조용히 웃는 나라가 어디인지 찾아야 한다. 누가 무기를 팔고, 누가 에너지를 팔고, 누가 재건 프로젝트를 쓸어 담을 준비를 하고 있는지 살펴야 윤곽이 드러난다. '누가 이 전쟁을 가장 원하고 있는가'라는 고민이 외교 분석의 출발점이 되어야 한다.

한반도 입장에서는 전쟁에 대한 문제의식이 더 절실하다. 우리는 아직 휴전선 위에 서 있는 나라다. 유사시 가장 먼저 불길에 휩싸이는 쪽이 한국이고, 그때 주변 국가들 가운데 누군가는 또다시 전쟁 특수를 논할 가능성이 있다. 한국이 전쟁의 외부 수혜국이 될 여유는 애초에 없다. 그렇기 때문에 우리는 누구보나도 진쟁 가능성을 낮추는 외교, 위기를 관리하는 외교, 오판을 줄이는 외교에 사활을 걸어야 한다.

전쟁을 통해 성장한 나라의 역사는 국제정치의 민낯을 보여준다. 세계는 늘 '피 흘리는 곳'과 '돈 버는 곳'으로 나뉘어왔다. 우리가 외교를 이야기할 때 감정만으로 접근하면 이 구조가 잘 보이지 않는다. 어느 전쟁이든 그 뒤에 서 있는 이해당사자를 살피고, 전쟁이 끝난 뒤 누가 무엇을 가져갈지까지 계산해보는 습관이 필요하다. 생각의 폭을 충분히 넓히지 않으면, 어느 날 한국도 남의 시나리오 속에서 조연으로 서게 될 수 있다. 외교는 그 위험을 미리 알아보고 피하는 기술이기도 하다.

6. 외교 리더십 스타일은 어떻게 다를까

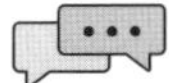

강대국의 외교 스타일

'가장 시끄럽게 말하고, 가장 많이 움직이고, 가장 자주 싸우는 나라' 하면 저절로 연상되는 나라가 몇 곳 있다. 아마 여러분이 생각하는 그 나라들이 맞을 것이다. 우리는 그들을 군사력과 경제력을 동시에 쥔 '강대국'이라고 부른다. 규칙을 지키라고 요구하면서 정작 규칙을 바꾸는 쪽도, 협력을 말하면서 동시에 제재와 압박을 쓰는 쪽도 대부분 강대국이다.

강대국 외교의 기본 무기는 '힘'이다. 군사동맹과 기지, 항공모함 전단이 뒤를 받치고, 그 위에 금융과 무역, 기술과 통화가 깔린다. 한마디로 말하면 '규칙을 따르는 선수'가 아니라 '규칙을 만드는 심판'에 가까운 위치다. 국제기구 의장국을 맡고, 회의 의제를 설계하고, 제재와 관세, 비자 정책으로 다른 나라의 숨통을 조금씩 조인다. 상대가 마음에 들지 않으면 거래를 끊어버릴 수도 있다는 메시지를 노골적으로 흘리는 방식이다.

역사를 떠올려보면 얼굴만 바뀌었을 뿐 구조는 크게 달라지지 않았다. 예전에는 중국과 유럽 열강이 조공과 식민지, 조약과 함대를 앞세워 주변을 쥐락펴락했다. 현대에 들어와서는 미국과 러시아, 이후 미국과 중국이 세계 최강 자리를 놓고 기싸움에 나섰다. 강대국끼리 부딪힌 자리가 유럽 대륙이었고, 한반도였고, 중동과 아프리카였다. 적이 하나도 없는 강대국은 거의 없었고, 힘이 있는 곳에는 늘 견제와 반발이 따라붙었다.

강대국 외교의 스타일은 항상 '당근과 채찍'을 동시에 쓴다. 안보 보장을 약속하면서 방위비를 올리라고 요구하고, 시장을 열어주는 대신 특정 기술과 정보는 내놓으라고 한다. 겉으로는 가치와 원칙을 이야기하지만, 나중에는 철저하게 국익 계산표를 꺼내 든다. 상대가 약소국일수록 이런 태도는 더 노골적이고, 상대가 다른 강대국이면 더 치밀한 포위 전략으로 바꾼다.

그렇다면 한국 같은 중견국은 강대국을 어떻게 상대해야 할까. 한쪽 손만 붙잡고 끌려다니면, 처음에는 든든해 보여도 어느 순간 이용당하고 버려질 위험이 커진다. 반대로 누구 편도 아니라고 버티면 결정적인 순간에 아무도 도와주지 않는 고립 상태에 빠질 수 있다. 결국 중요한 것은 '어느 편이냐'보다 '우리에게 얼마나 도움이 되느냐'라는 기준을 스스로 세우는 일이다.

강대국과의 외교에서 필요한 태도를 굳이 한 문장으로 압축하면 '내줄 듯 내주지 않는 기술'에 가깝다. 협력을 요청할 때는 기꺼이 손을 잡되, 핵심 기술과 안보 이익, 장기적인 전략 공간은 남겨두어야 한다. 한쪽 요구를 그대로 받아들이지 않고, 다른 강대국과의 관계를 살짝 언급하면서 협상력을 높일 수도 있다. 줄다리기에서 양쪽에 동시에 끌려가지 않으면서, 줄 자체를 손에서 놓지 않는 요령이 필요하다.

강대국끼리 다툴 때야말로 중견국의 외교력이 가장 크게 시험받는다. 어느 쪽이 최종 승자가 될지, 싸움이 얼마나 길게 이어질지 누구도 확신하기 어렵다. 이런 상황에서 조급하게 한쪽에 올인하면, 나중에 판이 바뀌었을 때 '잘못 탄 배'의 대가를 톡톡히 치르게 된다. 그래서 외교에서는 속도를 늦추더라도 선택의 폭을 남겨두는 신중함이 힘이 된다.

강대국은 자신들이 짜놓은 판에서 게임을 하자고 제안하지만, 한국 외교는 그 판 안에서만 움직일 이유가 없다. 우리만의 계산과 원칙을 손에 쥐고 있을 때, 비로소 강대국들 사이에서도 고개를 들고 버틸 수 있다.

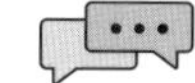

중견국의 외교 스타일

국제회의 단체 사진을 보면 늘 가운데에는 미국, 중국 같은 거물이 서고, 그 주변을 중간 체급의 나라들이 빙 둘러싼다. 이 가운데 줄에 서는 나라들이 바로 중견국이다. 전쟁을 일으킬 힘도, 세계 질서를 혼자 설계할 힘도 없지만, 무시하기에는 존재감이 만만치 않은 나라들이다. 대한민국도 그 줄 안에 들어간다. 경제 규모, 군사력, 기술력 어디를 봐도 약소국이라고 부르기에는 어색하고, 그렇다고 강대국 반열에 올려놓기에는 아직 거리가 있다.

중견국 외교의 출발점은 한마디로 '줄 세우기의 대상이 아니라, 줄을 갈라놓는 존재'가 되려고 애쓴다는 데 있다. 강대국이 '우리 편이냐 저쪽 편이냐'를 따질 때, 중견국은 되도록 한쪽에만 매달리지 않으면서 자국의 이익을 극대화하려 한다. 강대국과 약소국 사이에서 완충지대 역할을 하기도 하고, 때로는 새로운 규범과 의제를 제안하는 '머릿수 채우기' 이상의 플레이어가 되려 한다.

아시아에서는 대한민국이 전형적인 중견국 이미지에 가깝다. 수출·기술·군사력에서 일정한 체급을 갖췄지만, 강대국 사이 파고가 높을수록 줄타기가 더 힘들어지는 구조다. 그래서 한국 외교는 안보에서는 미국과 손을 잡으면서도, 경제에서는 중국과 유럽, 동남아와 다층 네트워크를 짜려 한다. 기후, 보건, 개발 협력 같은 분야에서는 스스로 의제를 내며 '문제 해결형 국가'라는 이미지를 쌓으려 하고, 이것이 언젠가 외교 자산이 되기를 기대한다.

유럽으로 눈을 돌리면 독일 같은 나라가 또 다른 중견국의 표본이다. 경제력만 놓고 보면 강대국이지만, 군사와 안보에서 미국에 크게 기대고 있고, 유럽연합 틀 안에서 움직이는 만큼 독자 행동에 제약이 많다. 그래서 독일은 단독 패권보다는 규범과 제도 설계를 통해 영향력을 행사하려 한다. 기준을 만들고, 표준을 정하고, 남들이 따라오게 만드는 방식이다. 힘으로 밀어붙이는 대신 규칙을 통해 우위를 확보하는, 전형적인 중견국식 외교다.

북미에서는 캐나다를 떠올릴 수 있다. 미국이라는 초강대국 바로 위에 붙어 있는 나라답게, 캐나다 외교는 '거인의 바로 옆에서 자기 색깔을 지키는 법'을 고민해왔다. 안보와 경제에서는 미국과 깊게 얽혀 있으면서도, 난민, 인권, 다자주의 같은 가치 외교에서는 더 전면에 나서며 차별화를 시도한다. 대놓고 미국에 반기를 들기보다는, 미국이 꺼리는 역할을 대신 맡으면서 국제사회에서 평판을 쌓는 방식이다. 중견국이 쓸 수 있는 영리한 '틈새 전략'이다.

남미에서는 브라질이 중견국의 또 다른 얼굴이다. 자원과 인구, 영토를 생각하면 지역 강대국에 가깝지만, 세계 판 전체에서는 미국과 중국, 유럽보다 한 수 이래로 취급되는 경우가 많다. 그래서 브라질은 남미와 글로벌 남반구를 대표하는 '목소리의 대변인'을 자처하며, 기후·농업·개발 문제에서 존재감을 키우려 한다. 군사력보다 정치·경제 네트워크로 무게를 싣는 방식이다.

아프리카에서는 남아프리카공화국을 예로 들 수 있다. 아프리카 대륙의 산업과 금융 중심지이면서, 인종차별 철폐 이후 민주주의 전환 경험을 가진 나라다. 이 나라는 G20 회의나 국제 포럼에서 아프리카를 '대표한다'는 상징성을 갖고 참여한다. 대륙 전체의 이익을 대변하는 동시에, 자국의 투자·안보 이익도 함께 챙기는 묘한 이중 역할을 수행한다. 강대국이 아니라 '지역의 축'이 되고자 하는 전형적인 중견국의 길이다.

그렇게 중견국은 강대국과 달리 다자주의를 표방한다. 강대국이 양자 협상으로 줄 세우기를 시도할 때, 중견국은 여러 나라를 묶는 회의와 기구를 통해 발언권을 키우려 한다. 의제를 선점하기 위해서도 노력한다. 기후 위기, 보건, 디지털 규범, 개발 협력 같은 분야에서 중간 체급 국가들이 먼저 해법을 제시하고, 강대국을 그 판으로 끌어들인다. 거기에다 '평화 중재국', '규범 선도국', '개발 협력 허브' 같은 이미지를 만들어두면 협상할 때마다 보이지 않는 프리미엄이 붙는다.

중견국은 강대국처럼 주먹을 휘두를 수도 없고, 약소국처럼 매번 몸을 낮추고 피하기만 할 수도 없다. 그래서 더 복잡하고 손이 많이 필요하다. 하지만 바로 그 애매한 위치가 기회가 되기도 한다. 강대국이 서로 다투는 틈, 약소국이 목소리를 내기 어려운 공간에서 중견국이 판을 정리하고, 다리를 놓고, 규칙을 제안할 수 있다. 대한민국이 앞으로 어떤 외교 국가가 될지 고민할 때, 이 '중간 체급'의 장단점을 정확히 이해하는 일부터 시작해야 한다.

약소국의 외교 스타일

전쟁 이야기가 나올 때마다 사람들은 먼저 탱크와 미사일을 떠올리지만, 약소국 지도자들의 머릿속에는 '어떻게든 살아남자'라는 생각뿐이다. 힘 있는 나라가 전쟁을 설계한다면, 힘이 약한 나라는 전쟁 시나리오 속에서 자국이 사라지지 않게 만드는 데 온 신경을 쏟는다. 약소국의 외교 스타일은 여기에서 출발한다.

지난 세계대전에서 약소국들이 택한 길을 보면 앞으로 걸을 길도 보인다. 어떤 나라는 강대국의 편에 서며 몸을 낮추는 전략을 택했다. 전쟁 전부터 강한 나라와 조약을 맺고, 군사·경제 지원을 받는 대신 그 나라의 외교 노선을 따라가는 방식이다. 또 어떤 나라는 양쪽 모두에게 적이 되지 않기 위해 '싸움은 무조건 피한다'라는 신호를 반복적으로 보내며 중립을 선택했다. 둘 다 완벽한 안전 보장은 아니라도 최소한 자국 영토를 전면전의 불도저로부터 지키기 위한 몸부림이었다.

약소국 외교의 특징은 '틈새'를 노린다는 점이다. 강대국들이 정면으로 충돌하는 한가운데로 들어가기보다, 둘 사이의 빈 곳을 찾아 들어가 방패를 치거나 숨통을 튼다. 표면적으로는 모두와 좋은 관계를 유지하려 애쓰고, 뒤에서는 어느 한쪽도 자기 나라를 함부로 버리지 못하게 만들 카드들을 모아둔다. 자원, 위치, 항만, 인적 네트워크 같은 요소들이 약소국의 협상력으로 바뀌는 순간이다.

대표적인 국가가 스위스다. 스위스는 약소국 외교의 '고급 버전'이라 할 수 있다. 경제력만 놓고 보면 세계 상위권이지만, 인구와 영토, 군사력 규모만 보면 전통적인 강대국과는 거리가 있다. 알프스를 끼고 유럽 한가운데 자리 잡은 덕분에 독일과 프랑스, 이탈리아 같은 강대국 사이에 둘러싸여 있고, 역사적으로도 전쟁의 파도가 휩쓸고 지나가는 길목에 있었다. 그럼에도 스위스는 단순한 피난처가 아니라 외교적으로 '한 단계 위'에 서는 방법을 택했다.

사실 스위스가 선택한 중립은 단순히 '어느 쪽도 편들지 않겠다'가 아니다. 누구든 공격하면 끝까지 싸우겠다는 전제 위에, 어느 동맹에도 묶이지 않겠다는 전략을 얹은 형태다. 강대국 입장에서도 애매한 상대다. 편하게 끌어다 쓸 동맹은 아닌데, 굳이 적으로 돌리자니 얻을 이익보다 잃을 비용이 더 커 보이는 나라. 이 모호한 위치가 스위스를 전장의 한복판에서 비켜나게 해줬다.

스위스의 무기는 금융과 경제다. 전쟁과 위기가 반복될수록 '돈을 안전하게 맡겨둘 곳'에 대한 수요가 늘어났다. 스위스 은행과 자산 운용 산업은 바로 그 틈을 파고들었다. 정치적으로 어느 편에도 휘둘리지 않고 법과 비밀 유지가 철저한 나라라는 이미지는 자본을 끌어들이는 강력한 자석이 됐다. 돈이 몰리면 국제금융의 허브가 되고, 그 허브를 쥔 나라의 외교 발언권은 자연스럽게 무거워진다.

'중재자'의 역할을 표방하기 때문에 다른 나라가 적극적으로 공격하기도 어렵다. 스위스는 국제기구와 평화 회담, 인권·인도주의 논의를 위한 회의가 열리는 장소로 자리 잡았다. 각국 대사와 국제기구 직원이 상주하고, 분쟁 당사국이 만나 비공개 협상을 벌이는 도시가 제네바다. 강대국도 회담장이 필요하고, 비밀 접촉이 가능한 중립 무대를 원한다. 스위스는 바로 그 '무대 제공'으로 외교력을 키워왔다. 스스로 전면에 나서지 않아도, 모두가 찾는 장소가 되면 자연스럽게 정보와 인맥, 신뢰도가 쌓인다.

거기다 스위스는 '전쟁과 거리가 먼 나라', '중립과 평화의 상징'이라는 브랜드를 오랫동안 가꾸어왔다. 산과 호수, 시계와 초콜릿 같은 평화로운 이미지 뒤에는 국제인도법과 인권, 적십자를 떠올리게 하는 상징성도 함께 서 있다. 약소국에 이미지는 사소한 장식이 아니라 직접적 자산이다. '이 나라와 싸우면 국제 여론이 나빠질 것 같다'라는 인식 하나만 확고하게 만들어도 외교 공간이 넓어진다.

결국 약소국 외교 스타일의 핵심은 '없는 힘을 억지로 만들려 하지 않고, 가지고 있는 것을 극대화하는 기술'이다. 지리적 위치가 강점이면 물류·중재 허브를 노리고, 자원이 강점이면 공급망의 필수 고리로 자리 잡으려 한다. 인구와 군사력이 약하다면 규범, 금융, 중재, 이미지 같은 비군사적 자산을 앞세워 협상 테이블 위 영향력을 키우려 한다.

한국처럼 군사력과 경제력이 상당한 나라라도, 세계 구조 전체를 보면 '강대국들 사이에서 균형을 잡아야 하는 국가'라는 점은 스위스와 크게 다르지 않다. 그래서 약소국이라고 불렸던 나라들의 외교 방식은 우리에게도 참고할 점이 많다. 한쪽에 올인하지 않고, 여러 선택지를 남겨두며, 자국의 특성을 전략적으로 팔아가는 외교. 힘이 모자라서가 아니라, 힘이 넘치는 강대국들 사이에서 오래 버티기 위해 필요한 태도다.

강대국의 외교가 정면승부라면, 약소국의 외교는 곡예에 가깝다. 줄을 타듯 균형을 잡고, 발을 헛디디지 않기 위해 앞뒤 걸음을 수십 번 계산한다. 스위스가 보여준 사례는 그 곡예가 운이 아니라 설계와 선택의 결과라는 사실을 말해준다. 약소국의 외교 스타일을 공부한다는 건, 결국 우리가 강대국 사이에서 어떻게 버티고, 어떻게 우리 몫을 챙길지에 대한 실전 교본을 읽는 일과 다르지 않다.

톱다운 외교와 바텀업 외교의 차이

트럼프 대통령이 세계에서 활약하며 자주 나오기 시작한 단어가 '톱다운'과 '바텀업'이다. 말 그대로 위에서 아래로 밀어붙이느냐, 아래에서 위로 끌어올리느냐의 차이다. 둘 다 외교라는 같은 무대에서 쓰는 방식인데, 리더의 성향과 국가 구조에 따라 완전히 다른 얼굴을 보여준다.

톱다운 외교는 정상부터 시작한다. 대통령이나 총리가 직접 판을 짜고, 핵심 의제를 잡고, 일정까지 앞에서 끌고 간다. 실무 라인은 그 결정에 살을 붙이고 구체화를 맡는다. 트럼프 미국 대통령 방식이 전형적인 톱다운이다. 그가 관세 폭탄을 입에 올리고, 동맹국 방위비 인상을 공개적으로 압박하는 식으로 메시지를 먼저 터뜨리면 외교·안보 관료들이 뒤에서 수습과 조율을 맡았다. 강한 그립력을 가진 리더들이 선호하는 스타일이다. 몇 사람만 결심하면 판이 빠르게 움직이기 때문이다.

톱다운의 장점은 속도와 상징성이다. 정상끼리 한 번 만나 합의하면, 그 순간 세계의 시선이 쏠리고 상대국 국내 정치도 무시하기 어렵다. 오랫동안 막혀 있던 문제를 단숨에 정치적으로 돌파하는 데는 이런 방식이 유리하다. 전쟁 위험을 낮추는 통 큰 합의, 대규모 경제 패키지, 역사적 선언 같은 것들이 대표적이다. 다만 그만큼 위험도 크다. 사전에 충분한 실무 작업이 쌓여 있지 않으면 보여주기 행사로 끝나거나 합의 이행이 지연되기 쉽다. 리더 개인의 계산에 너무 많이 의존하면 정권이 바뀌는 순간 모든 것이 원점으로 돌아가는 부작용도 생긴다.

바텀업 외교는 정반대에 가깝다. 실무자와 전문가 네트워크가 먼저 움직인다. 외교부, 국방부, 산업부, 재정 당국, 때로는 학계와 기업까지 실질적인 이해당사자들이 수개월, 수년 동안 초안을 주고받는다. 협정 문구를 다듬고, 양측이 받아들일 수 있는 최저·최고선을 계산한 뒤, 마지막에 정상에게 '이 범위 안에서 결정해달라'라고 올리는 구조다. 눈에 잘 띄지 않지만, 많은 무역협정, 환경 협약, 기술 표준 협의가 이런 방식으로 돌아간다.

바텀업의 강점은 탄탄한 지속성이다. 여러 부처와 이해관계자를 거치면서 조율이 이루어지기 때문에 일단 합의가 만들어지면 쉽게 뒤집히지 않는다. 정권이 바뀌더라도 '국가의 약속'으로 남기 쉬운 편이다. 실무 사전 작업이 충분히 쌓여 있으면 정상회담은 일종의 마무리 세레머니에 가깝다. 대신 속도가 느리다. 국민 눈에는 아무 일도 안 하는 것처럼 보일 때가 많고, 긴박한 위기 상황에서는 결정을 제때 못 내리는 한계도 드러난다.

두 방식을 선악처럼 나눌 필요는 없다. 전쟁 직전의 위기, 금융이나 에너지와 얽힌 초단기 충격에는 톱다운이 더 적합하다. 정상의 결단이 시장과 군대를 동시에 움직일 수 있기 때문이다. 반대로 기후 위기, 무역 규범, 디지털 질서처럼 이해관계가 복잡하고 장기 조정이 필요한 의제는 바텀업이 어울린다. 수많은 조항과 이해당사자를 정상의 한마디가 단번에 정리하기는 어렵기 때문이다.

현실에서 대부분 국가는 두 방식을 섞어 쓴다. 평소에는 바텀업으로 바닥을 단단히 다져두고, 막다른 골목에 몰리거나 돌파구가 필요할 때 톱다운으로 뚫는 식이다. 중요한 것은 리더의 성향이라기보다, 언제 어디까지 톱다운을 허용할지에 대한 제도적 안전장치다. 정상의 한마디가 필요할 때와, 실무의 긴 호흡을 기다려야 할 때를 구분하지 못하면 외교는 '쇼'와 '질질 끌기' 사이를 오가게 된다.

대한민국처럼 중견국 위치에 서 있는 나라일수록 이 균형 감각이 중요하다. 강대국 정상과 마주앉을 때는 우리의 톱다운 역량도 보여줄 수 있어야 하고, 동시에 그 합의를 오래 버티게 만들 바텀업 역량도 갖춰야 한다. 결국 톱다운과 바텀업의 차이를 이해한다는 것은, 외교를 누가 어떻게 움직이는지, 그 뒤에서 어떤 호흡으로 국가 이익이 설계되는지를 읽어내는 일이기도 하다.

시대 상황에 따른 외교 스타일

언제든 시대 상황이 바뀌면 외교 스타일도 함께 갈아입는다. 외교에 언제나 100%의 정답은 없고, 상황에 따라 내리는 판단의 외교가 세계를 뒤흔드는 변곡점을 일으킬 때도 있다. 그렇기에 지금 우리가 생각하는 외교의 정답을 안고 가면서도, 과거의 외교를 읽으며 변화할 미래의 외교를 파악할 필요가 있다.

19세기 제국주의 시대의 외교는 한마디로 '함대와 조약'의 세계였다. 유럽 열강은 군함과 대포를 앞세워 아시아와 아프리카, 남미 곳곳에 진출했다. 외교 사절이 조인한 조약 문서 뒤에는 항상 군함의 그림자가 따라붙었다. 협상이라기보다 통보에 가까운 경우가 많았고, 조약 자체가 불평등을 제도화하는 장치로 쓰였다. 세력균형이라는 말이 있었지만, 사실은 강대국끼리 세계를 나눠 먹는 약육강식의 외교였다.

20세기 초중반, 두 차례 세계대전을 거치면서 외교는 전쟁이라는 단어로 쓰였다. 열강 각국이 비밀 동맹과 상호 방위 조약을 얽히고설키게 맺다가 결국 폭발한 게 제1차 세계대전이었다. 전쟁이 끝나고 '다시는 이런 참극이 반복돼서는 안 된다'라는 반성이 나오면서 집단 안보와 국제연맹 같은 개념이 등장한다. 하지만 제2차 세계대전으로 다시 파국을 겪으면서, 외교는 평화를 지키는 장치이면서 동시에 전쟁 준비의 연장선이라는 모순된 얼굴을 드러낸다. 동맹인지 포위망인지 구분하기 어려운 조약들이 쏟아졌다.

20세기 중후반 냉전 시대로 넘어오면 외교 스타일의 중심에 이념이 올라선다. 국경선 지도보다 자본주의와 사회주의, 자유 진영과 공산 진영을 나누는 색깔 지도가 더 중요해진다. 미국과 소련은 서로를 향해 직접 총을 겨누기보다 제3국에서 대리전을 치르고, 군사동맹과 원조, 무기 수출로 세력을 넓히려 했다. 외교는 군사력과 이념 선전, 경제 지원을 한 묶음으로 다루는 '패키지 게임'에 가까웠다. 유엔과 각종 국제기구가 생겨 다자 외교의 틀을 만들었지만, 회의장 안에서도 양 진영의 기싸움이 먼저였다. 냉전에선 웃는 얼굴로 악수하면서도 속으로는 핵 억지력을 계산하는 양면 외교가 일상이었다.

21세기 들어 세계화가 본격화하면서 외교의 무게중심이 다시한번 이동한다. 글로벌 공급망이 촘촘해지고 자본과 기술, 사람의 이동이 폭발적으로 늘면서 외교는 곧 경제정책이자 산업 전략이 된다. 무역협정, 투자 보호 협정, FTA 같은 단어가 외교 뉴스의 절반을 채우기 시작한다. 군사동맹 못지않게 경제동맹이 중요해지고, 과거 식민지였던 나라들도 자원과 시장을 앞세워 협상력을 높여간다. 힘의 구조는 여전히 존재하지만, 대포보다 관세와 수출 규제가 더 자주 쓰이는 시대다. 총성 없이 진행되는 경제 전쟁이 외교의 새로운 얼굴이 됐다.

동시에 세계화 시대의 외교는 '이미지'와 '여론'을 훨씬 더 의식한다. 인권, 환경, 기후 위기, 민주주의 같은 가치가 외교 의제 한가운데로 들어온다. 과거에는 뒷전으로 밀리던 주제가 국제회의와 정상 선언문의 맨 앞줄에 자리 잡는다. 문화 교류, 공적개발원조, 스포츠와 문화 콘텐츠 같은 소프트파워가 외교의 중요한 도구로 쓰이기 시작한 것도 이 흐름과 맞닿아 있다. 예전 같으면 대사관과 외교부가 독점하던 분야에 기업, 도시, 시민단체가 함께 뛰어드는 바텀업 외교가 자연스럽게 늘어난다.

흥미로운 점은, 세계화가 정점에 이른 뒤 다시 균열 조짐이 나타나면서 외교 스타일이 또 한 번 변곡점을 맞고 있다는 사실이다. 미중 경쟁이 심해지고 경제 안보와 기술 패권이라는 말이 등장하면서, 각국은 다시 공급망을 재편하고 '우리 편끼리 묶이자'는 움직임을 강화하고 있다. 한쪽에서는 자유무역을 외치면서, 다른 한쪽에서는 핵심 기술과 자원, 인재를 보호주의로 감싸는 모순된 흐름이 동시에 벌어진다. 겉으로는 협력과 공존을 말하지만, 속으로는 각자도생을 준비하는 시대다.

정리해보면 제국주의 시절 외교는 함대와 식민지 지도 위에서 돌아갔고, 세계대전 시기에는 동맹과 비밀 조약이 폭발을 향해 달려갔다. 냉전 시기에는 이념과 억지력이 핵심 언어였고, 세계화 시기에는 무역과 공급망, 규범과 이미지가 전면에 올라섰다. 지금은 이 모든 요소가 한꺼번에 뒤섞인 채 다시 재배열되는 과도기에 가깝다.

그래서 현대 외교를 이해하려면 '지금 어떤 시대인가'라는 질문을 먼저 던져야 한다. 같은 말, 같은 행동이라도 제국주의 시절과 냉전, 세계화 시대에 갖는 의미가 전혀 다르기 때문이다.

외교 스타일은 국가 성격만으로 설명되지 않는다. 시대의 공기, 기술의 발전, 세계경제구조가 함께 결정한다. 외교가 시대를 비추는 거울이라면, 그 거울을 어떻게 읽느냐가 결국 우리 외교의 스타일을 선택하는 기준이 될 것이다.

조선의 위기에 찾아온 외교력 만렙 왕
-광해-

한반도 역사에서 굵직한 외교적 업적을 이룬 사람은 많다. 떠올려보면 그중에서두 고려의 서희와 조선의 광해군이 대표적이다.

서희는 고려의 문관으로, 993년 거란이 침입했을 때 직접 담판을 통해 거란군의 회군을 이끌었다. 당시 거란의 침입에 맞선 고려는 군사적으로 매우 열세였다. 하지만 서희는 군사력의 차이를 극복하고 외교적 승리를 거두었다.

거란이 '우리가 고구려의 계승자니 고려가 점령한 옛 땅을 내놓으라'라고 나오자, 서희는 오히려 '고려가 진짜 고구려의 후계자'라고 맞받아쳤다. 이름부터 고려인 나라가 어찌 고구려의 후계자가 아닐 수 있을까? 이에 탄력을 받은 서희는 고구려의 옛 땅인 압록강 동쪽, 여진이 점거한 땅을 고려에 맡겨 도로를 열어야 거란과 제대로 사귀지 않겠냐고 역제안했다. 대신 거란의 연호를 쓰고 국왕이 입조하겠다고 약속해 체면을 세워주자 소손녕은 강동 6주 영유를 인정하고 군을 물렸다. 땅 한 뼘 떼어주지 않고 국경을 압록강까지 끌어올린 담판이었다.

　서희의 제안의 핵심은 거란의 진짜 목적이 영토 강탈이 아니라 송을 견제할 우방을 확보하는 것이라는 점을 찌른 데 있다. 송과의 교류를 줄이고 거란과도 교류하겠다는 메시지를 던져 불안을 달래주자 거란은 싸움 대신 거래를 택했고, 고려는 전쟁도 영토 양보도 없이 숙원이던 북진의 발판을 마련했다. 말 한마디가 칼 수십만 개를 이긴 순간이었다. 외교는 결국 셈법이다. 서희의 외교에서 중요한 점은 '유연성'이었다. 외부의 군사적 압박이 강할지라도, 전면전을 피하고 협상으로 문제를 해결하는 전략을 선택했다.

　조선 광해군은 역사적으로 중요한 외교적 판단을 내린 왕이다. 17세기 초, 조선은 명나라와 후금이라는 두 강대국 사이에서 외교적으로 긴장된 상황에 있었다. 당시 명나라는 쇠퇴기였고, 후금은 빠르게 강대국으로 떠오르고 있었다. 이때 광해군은 두 강대국 사이에서 균형을 맞추는 중립 외교를 펼쳤다. 전통적인 사대주의를 고수하면서도, 새롭게 떠오르는 후금과의 관계도 틀어지지 않도록 절묘한 균형을 잡았다. 광해군의 중립 외교는 그 당시 외교적 상황을 잘 분석한 결과물이었다. 강대국들이 충돌하는 와중에 조선이 한쪽 편에 서는 순간 다른 강대국에게서 고립되거나 위협을 받을 가능성이 컸다. 그런 점에서 광해군은 명나라와 후금 사이에서 충돌을 피하며 조선의 독립적 외교를 유지하기 위해 중립을 지키려 한 것이다. 이를 통해 조선은 외교적 안정성을 확보할 수 있었다. 그만큼 광해군의 외교 전략은 당시 국제 정세에서 매우 중요한 선택이었다. 광해군의 중립 외교가 다시 필요한 것이 현 상황 아닐까? 현재 우리는 미국과 중국이라는 두 강대국 사이에서 외교적 균형을 맞추는 어려운 상황에 처해 있다. 두 나라의 경쟁이 더 치열해지고 있는 가운데, 우리는 어느 한쪽에 치우치지 않고 두 나라와의 관계를 적절히 조정하며 국가의 이익을 최대화해야 한다. 광해군은 중립적인 입장을 고수하면서도 경제적 이득을 추구했다. 당시 후금의 성장과 명나라의 쇠퇴는 중요한 국제경제적 흐름을 나타냈고, 광해군은 이를 외교적 이득으로 바꾸는 데 성공했다. 오늘닐에도 경세석 이익은 외교에서 중요한 요소이며, 특히 미국과 중국 사이에서 우리의 경제적 이익을 어떻게 지킬 것인가에 대한 깊은 고민이 필요하다. 광해군은 강대국의 편을 들지 않으면서도 양국과의 외교적 관계를 유리하게 이끌어 갔다. 어떻게 보면 외교의 기본 원칙 중 하나인데, 실행이 어렵다는 점에서 그야말로 외교의 천재가 아니었을까. 우리가 광해군처럼 국제적으로 균형을 맞추며 이익을 극대화하는 외교 전략을 세운다면, 어려운 국제 정세 속에서도 안정적이고 지속 가능한 외교를 구축할 수 있을 것이다. 외교에서 중요한 것은 강대국의 눈치를 보며 힘의 논리에 휘둘리지 않고, 중립을 지키며 국가 이익을 보호하는 것이다. 광해군이 그랬던 것처럼 외교적 균형을 잘 유지하며 국가 이익을 추구하는 전략이 오늘날 한국 외교에서도 가장 중요한 키가 될 것이다.

7. 대한민국이 지켜야 할 외교 교과서

영원한 우방은 없다

'영원한 우방은 없다'라는 말이 현실로 다가올 때면 이미 위기에 봉착한 순간일 것이다. 나라와 나라 사이의 관계는 끊임없이 변화하고, 어떤 국가가 영원히 아군이거나 영원히 적일 수는 없다. 외교의 세계는 힘의 논리와 이해관계에 따라 끊임없이 바뀌며, 그때마다 '동맹은 절대 영원하지 않다'라는 사실을 깨닫게 된다.

영원한 우방은 없다는 사실은 이미 옛날 한반도에서도 입증되었다. 삼국시대의 고구려, 백제, 신라, 중국, 가야와 왜까지, 한반도와 주변 국가들은 때로는 동맹을 맺고 때로는 적대적 관계를 유지하면서 복잡한 외교를 펼쳤다. 고구려는 한때 중국의 한나라와 동맹을 맺었지만, 그 후 한나라와의 관계가 악화되며 서로 적이 되었다. 백제와 신라도 그 사이에서 끊임없이 연합과 전쟁을 반복했다. 삼국시대의 역사적 사례들은 '영원한 동맹'이라는 개념이 불가능하다는 사실을 잘 보여준다. 같은 시기, 같은 국가가 서로 다른 이익을 추구했고, 각국의 외교적 입장에 따라 아군과 적이 수시로 뒤바뀌었다.

이런 '변덕스러운' 외교는 오늘날에도 존재한다. 냉전 시대의 미국과 소련은 첨예하게 대립하며 서로를 '적'으로 규정했지만, 냉전이 끝난 뒤 그들의 관계는 상당히 변했다. 소련이 해체된 후 러시아는 서구와 협력할 여지를 남겼다. 미국과 러시아 사이는 적이 아니라 협력 가능성을 내포한 관계로 전환되었지만, 그 누구도 두 나라가 영원히 같은 편이 될 것이라고 보지 않는다. 시대와 국제 정세가 바뀌면 국가 간 관계도 자연스럽게 변화한다.

영원한 우방이 없다는 사실은 거꾸로 '영원한 적'도 없다는 말로 풀이된다. 과거 한국은 일본과의 관계에서 많은 갈등을 겪었지만, 경제적·안보적 이유로 점차 협력 관계로 전환했다. 그러나 한일 관계가 계속 우호적일 것이라는 보장은 없다. 최근에도 양국 간 갈등은 지속되고 있으며, 외교적 변화는 언제든지 일어날 수 있다. 북한과의 관계 역시 마찬가지다. 한때는 전쟁을 치른 국가가, 또 한때는 평화 협상을 위한 대화 테이블에 앉기도 했다. 결국 '영원한 적'도 '영원한 아군'도 없다는 사실을 우리는 자주 목격하게 된다.

이처럼 외교에서 관계를 맺을 때 '영원성'을 염두에 두지 않는 것이 바람직하다. 우리는 어느 나라와도 그때그때의 상황에 맞는 관계를 맺고, 때로는 협력하고 때로는 갈등을 겪는다. 그렇기에 외교에서는 유연함과 전략적 사고가 매우 중요하다. '영원한 동맹'이나 '불변의 적'이라는 고정관념을 버리고, 유연하게 변화하는 외교 환경에 맞춰나가는 것이 바로 현대 외교에서 필요한 자세다.

따라서 외교 관계를 맺을 때는 상대국의 변화하는 이익과 상황을 주의 깊게 살펴야 한다. 어떤 동맹이든, 그 동맹의 이익이 상충할 때는 새로운 선택이 필요하다. 이때 중요한 것은 단기적 이득을 넘어서, 장기적으로 어떻게 국가 이익을 지킬 수 있을지에 대한 전략적 접근이다. 다시 말해 외교는 관계의 지속성보다는, 국가의 이익을 최대화하고 시대 변화를 반영하는 방식으로 접근해야 한다.

외교는 결코 고정된 것이 아니며, 국가의 이익에 따라 계속해서 변할 수 있다. 각국은 자신의 이익을 추구하며, 그 과정에서 다른 국가들과의 관계를 끊임없이 재조정하고 있다. 따라서 외교에서는 유연한 사고와 실용적인 접근이 가장 중요하다.

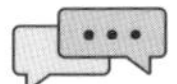

적의 적은 아군이다

국제사회에서 모든 국가가 서로에게 우호적이지는 않다. 오히려 각국의 이해관계가 얽히고, 그로 인해 갈등이 발생하기 마련이다. 하지만 이 갈등 속에서 적대적인 국가들의 관계를 활용할 기회가 존재한다. 바로 '적의 적은 아군'이라는 전략이다.

국제정치에서 '영원한 우방'은 존재하지 않는다고 설명했다. 어떤 국가와의 관계가 한번 우호적이었다고 해서, 그 분위기가 영원히 지속될 것이라는 보장은 없다. 그렇기에 국가들은 타국의 갈등을 유리하게 활용할 기회를 찾는다. 대표적인 사례가 바로 인도와 파키스탄의 관계를 활용한 외교적 전략이다. 두 나라는 오랜 역사적 갈등을 겪고 있으며, 서로 적대적인 관계에 있다.

우리나라와 인도는 사실상 '준準전략 동반자'에 가깝다. 먼저 경제·기술협력이 중심축이다. 삼성, 현대차, LG 등 대기업이 인도에 생산 기지와 시장을 동시에 두면서 '중국 리스크'를 분산하고, 인도의 거대한 내수와 인력을 활용하는 구조를 만든다. 인도는 반대로 한국의 제조 기술·인프라 경험, 스마트시티·철도·에너지 프로젝트에서 도움을 얻는다. 안보 측면에서는 인도·태평양 전략에서 미국 편에 더 가까운 인도와 보조를 맞추며, 방산 수출·해양 안보 협력도 넓히는 중이다. 중국 견제라는 묵시적 이해가 겹치는 지점이다.

파키스탄과는 톤이 조금 다르다. 인도와의 민감한 갈등을 건드리지 않으면서, 인프라, 에너지, 건설, 보건 같은 '비정치적' 분야 중심으로 협력을 쌓는다. 대형 플랜트·발전소·도로 사업에 우리 기업이 참여하고, 파키스탄은 개발 재원과 기술을 확보한다. 파키스탄이 이슬람권 네트워크와 연결돼 있다는 점은 중동·중앙아시아 외교를 할 때 간접적 외교 자산이 되기도 한다.

똑똑한 우리 대한민국은 두 국가와 개별적으로 외교를 진행하며, 그들의 갈등을 외교적 이득을 취할 기회로 활용해왔다. 인도에서는 거대 시장·기술·안보 협력을, 파키스탄에서는 인프라·개발 협력과 이슬람권 네트워크를 챙기며, 두 나라의 첨예한 갈등을 자극하지 않는 '균형 외교'를 택하고 있다. 그야말로 인도와 파키스탄 사이에서 발생하는 긴장 관계를 피하면서도, 두 나라와 경제적, 정치적으로 협력할 수 있는 방법을 모색했다.

적의 적은 아군이라는 외교적 전략은 또 다른 예인 미국과 중국 간의 갈등에도 적용할 수 있다. 두 강대국의 경쟁은 경제와 안보를 비롯한 다양한 분야에서 지속되고 있으며, 한국은 그 사이에서 적절한 균형을 맞추기 위해 노력하고 있다. 한국은 미국과 긴밀한 안보 동맹을 유지하면서도, 중국과의 경제적 협력을 강화하고 있다. 광해군이 중립 외교를 펼친 것처럼, 두 강대국의 경쟁이 불러오는 갈등 속에서 경제적 이득을 얻을 기회를 포착하고 있다.

외교에서 중요한 것은 단기적인 이득에만 집중하는 것이 아니라, 장기적인 국가 이익을 확보하는 것이다. 외교는 단순히 한 나라와의 관계를 유지하는 것만으로 끝나는 활동이 아니다. 각 나라가 처한 국제적 상황을 분석하고, 다른 국가들과의 관계 속에서 자국의 이익을 극대화할 방법을 전략적으로 사고할 필요가 있다. 적의 적은 아군이라는 전략은 복잡한 국제 정세 속에서 외교적 기회를 최대화할 방법을 제시한다.

외교에서 중요한 점은 '영원한 동맹'이나 '불변의 적'을 고집하지 않고, 상황에 맞는 외교적 선택을 통해 자국의 이익을 추구하는 것이다. 갈등이 일어날 때마다 상대국을 무조건 적으로 간주하는 것보다는, 그 갈등을 어떻게 활용할 수 있을지 고민할 필요가 있다.

각국의 관계는 시시각각 변하기 때문에 외교에서의 유연성과 기민함은 필수적인 요소이다. 이러한 외교 전략을 통해, 한국은 양국 간의 갈등을 유리하게 이용하여 더 큰 경제적·정치적 이득을 얻을 가능성을 키워나가야 할 것이다.

어제의 적이 오늘의 친구가 된다

어제의 적이 오늘의 친구가 되는 장면은 역사책에서만 벌어지는 일이 아니다. 냉정하게 따지면 국가 관계는 감정의 문제가 아니라 이해관계의 산물이라서, 어제까지 서로 총부리를 겨누던 나라가 다음 날에는 미소를 지으며 악수하는 일도 얼마든지 가능하다. 외교가 냉혹해 보이지만 동시에 묘하게 유연한 이유가 여기에 있다.

한일 관계가 대표적이다. 우리는 1910년 한일강제병합 이후 1945년 광복을 맞기까지 35년 동안 나라를 빼앗긴 채 식민 지배를 받았다. 언어와 이름, 역사까지 짓밟힌 기억이 아직도 집단기억 속에 생생하다. 그렇게 이 땅을 유린한 일본은 우리가 광복을 맞이한 지 불과 5년 뒤 한국전쟁이 터지자 유엔군의 후방 기지이자 보급·수송 거점이 된다. 전쟁 특수로 일본 경제는 숨을 돌렸고, 한국은 일본의 항만과 철도, 공장을 거치며 군수물자를 공급받았다. 가슴으로만 보면 참 아이러니한 장면이지만, 현실 속에서 '적의 나라'가 어느 순간 '필요한 파트너'로 변한 셈이다.

베트남과의 관계도 비슷한 면이 있다. 우리는 베트남전쟁에 참전해 많은 병력을 파병했고, 그 상처가 아직 완전히 치유되지 않았다는 목소리도 적지 않다. 그럼에도 지금 한국과 베트남은 서로를 핵심 경제 파트너로 대하며, 젊은 세대에게는 여행지, 취업지, 창업

지로 자연스럽게 떠올랐다. 포성이 울리던 땅이 이제는 공장과 물류 센터, 스타트업과 관광산업의 거점이 된 셈이다.

어제의 적이 오늘의 친구가 될 수 있다는 말은 과거를 잊으라는 뜻이 아니다. 정반대로 이해하는 편이 낫다. 역사 문제를 어설프게 덮어두면 언젠가 다시 터져 나와 외교를 되레 옥죈다. 상처를 직시하고 잘못을 인정하며, 피해자와 후손이 납득할 수 있는 수준의 사과와 보상을 할 때 비로소 '어제의 적'이 '오늘의 친구'로 자리를 바꿀 수 있다. 감정의 앙금을 최소한 관리 가능한 수준으로 낮춰야 실용 외교두 숨통이 트인다.

결국 국가 간 관계는 흑백논리가 아니라 회색 지대의 연속이다. 어제의 전쟁 상대가 내일의 투자 파트너가 될 수도 있고, 오늘의 동맹이 먼 훗날 이해관계가 어긋나면서 냉랭한 이웃으로 변할 수도 있다. 그래서 외교는 미움과 호감의 감정 곡선에만 매달리기보다 그 뒤에 숨은 국익의 계산을 냉정하게 읽어낼 필요가 있다. 어제의 적이 오늘의 친구가 된다는 사실을 이해하는 순간, 외교의 판을 보는 눈도 한층 넓어진다.

무엇보다 안보와 경제가 중요하다

외교의 중심에 안보와 경제를 둔다는 말은 너무 많이 들어서 진부하게 느껴질 수 있다. 그래도 외교의 입장에서 보면 결론은 안보와 경제로 돌아간다. 국가의 존재 자체가 결국 군사력과 재정 능력 위에서 유지된다. 국경을 스스로 지킬 수 없고 최소한의 재정을 조달하지 못하는 국가는 외교 주체가 아니라 외교의 대상이 된다. 협상 테이블에 앉았을 때 상대국이 가장 먼저 보는 것도 군사적 위험을 감수할 만한 대상인지, 경제적으로 믿고 거래할 만한 대상인지다. 체제의 성격이나 역사 문제보다 먼저 계산하는 항목이 바로 이 두 가지다.

더군다나 안보가 불안하면 작은 사건도 쉽게 군사 충돌로 번지고, 경제가 취약하면 외교 갈등이 곧 환율과 물가의 불안, 실업으로 직결된다. 그래서 유능한 외교 당국자일수록 군사력과 경제 펀더멘털을 냉정하게 점검한 뒤에 외교 옵션을 설계한다. 어느 수준까지 긴장을 감수할 수 있는지, 어느 정도 제재와 보이콧을 버틸 수 있는지 계산하지 않고 '원칙 외교'를 말하는 건 사실상 전문가 세계에서는 통용되지 않는다.

현대 외교의 수단 대부분이 안보와 경제 자산을 활용하는 방식으로 설계돼 있는 점도 안보와 경제의 중요성을 드러낸다. 동맹, 주둔군, 연합 훈련 같은 안보 자산과 통화 스와프, 공급망 협력, 투자 협정 같은 경제 자산이 한 묶음으로 움직인다. 상대국에 줄 수 있는 것도 이 패키지고, 상대국으로부터 받아낼 수 있는 것도 이 패키지다. 그래서 장기 전략을 짜는 사람들은 이념이나 감정보다 먼저 안보·경제 지도를 펼쳐놓고 어디에 힘을 실을지, 어디에서 완충 지대를 만들지부터 계산한다. 중견국 외교가 어렵다고 말할 때도 결국은 이 두 축에서 쓸 수 있는 카드가 얼마나 준비돼 있느냐를 따진다. 외교는 말의 기술처럼 보이지만, 총과 돈의 구조를 정확히 읽어내는 능력에서 시작된다고 보는 이유가 여기에 있다.

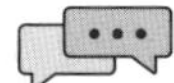

다가오는 시대 변화를 읽어야 한다

다가오는 시대 변화를 정확히 예측하는 일은 사실상 불가능에 가깝다. 다소 초를 치는 말처럼 들리겠지만, 수많은 정보를 토대로 해도 시시각각 변하는 정세를 맞힐 수는 없다. 어쩌다 한 번 맞혀도 그다음은 예상이 빗나갈 것이다.

그럼에도 우리는 시대 변화를 어느 정도 예측할 수는 있다. 과거에는 성장률과 수출액만 챙겨도 절반은 먹고 들어갔다면, 지금은 그 위에 인권, 환경, 기후 위기, 디지털 규범, 성평등, 소수자 보호, 데이터 주권 같은 키워드가 겹겹이 올라가 있다. 겉으로 보기에는 부드러운 단어들인데, 실제 협상 테이블에서는 관세보다 더 날카로운 칼날이 된다.

요즘 주요국이 내세우는 정책 기조를 보면 공통점이 보인다. 탄소중립과 재생에너지 확대를 서두에 올리고, 인권·노동 기준과 공급망 안정, 디지털세와 개인정보 보호까지 한꺼번에 묶는다. 기후를 이유로 석탄, 철강, 자동차에 규제를 걸고, 노동 착취나 아동 노동을 명분 삼아 특정 국가의 수출을 틀어막는다. 표면적으로는 가치 외교로 포장하지만, 조금만 뜯어보면 자국 산업을 보호하고 기술 우위를 지키려는 계산이 촘촘히 숨어 있다.

여기서 '외교력'의 중요성이 나온다. 상대 국가가 진짜로 민감하게 보는 요점을 정확히 짚어내지 못하면, 아무리 공을 들여도 협상은 한 발짝도 안 나간다. 이제 외교관이 들고 다니는 서류철에는 국내총생산 그래프 옆에 온실가스 배출량, RE100 참여 여부, ESG 평가, 노동·인권 지표가 같이 꽂혀 있다. 상대 정부가 무엇을 성과로 포장해 자국 유권자에게 보여주고 싶은지, 어떤 단어에 정치적 운명을 걸고 있는지 읽어내야 한다. 그 감각이 부족하면, 한쪽은 경제 이야기라고 생각하는데 다른 쪽은 인권 이야기로 받아들이는 동상이몽이 벌어진다.

RE100을 예로 들어보자. 재생에너지 100% 사용을 목표로 한다는 이 약속은 얼핏 기업의 이미지 개선 프로젝트처럼 보인다. 그런데 실제로는 외국 기업이 한국에 공장을 짓거나 투자를 결정할 때, 우리나라에서 재생에너지를 안정적으로 공급받을 수 있는가를 따지는 기준이 된다. 우리가 RE100 요구를 무시하거나 느슨하게 대응하면, 별다른 말다툼 없이도 공장과 일자리가 다른 나라로 빠져나간다. 반대로 재생에너지 인프라와 제도를 서둘러 정비해두면 같은 정책이 투자를 끌어들이는 유인책으로 바뀐다.

인권과 노동, 성평등 이슈도 마찬가지다. 이제는 무역·투자 협정에 여성·청년 고용, 노조 활동 보장, 차별 금지 조항이 슬그머니 들어가고, 이를 어기면 관세나 제재로 되돌아오는 구조가 만들어지고 있다. 겉으로는 내정처럼 보이는 영역이 외교 레버리지로 쓰이는 셈이다. '경제만 잘하면 된다'라는 식의 사고방식은 이미 구시대 유물이 되었다. 경제를 지키려면 오히려 인권·환경·노동 기준을 선제적으로 끌어올려야 한다.

다가오는 시대 변화를 읽는 외교는 거창한 이론보다 타이밍과 준비의 문제에 가깝다. 남들이 다 움직인 뒤에 따라가면 규칙의 수혜자가 아니라 피실험자가 된다. 규범을 만드는 초반 국면에 목소리를 내고, 우리 산업구조와 사회 여건에 맞는 예외와 완충 장치를 미리 심어두는 쪽이 훨씬 유리하다. 결국 외교는 국경선만 다루는 기술이 아니라, 시대의 파고를 한두 박자 먼저 읽어내려는 의지에서 출발한다.

역사를 모르면 재생할 수 없다

나는 단재 신채호가 남긴 "역사를 잊은 민족은 재생할 수 없다"라는 말을 참 좋아한다. 역사는 현재와 미래의 거울이기에, 한 나라가 어떻게 망가졌고 어떻게 일어섰는지를 모르면 같은 함정에 또 빠진다. 침략과 분단, 내전과 굴욕 조약이 왜 반복됐는지 제대로 공부하지 않으면, 눈앞의 이익에만 눈이 멀어 똑같은 선택을 다시 하기 쉽다.

여기서 신채호의 말을 이렇게 바꾸고 싶다. "역사를 모르면 재생할 수 없다." 역사를 잊는 게 아니라 '역사를 모른다'라니 무슨 뜻일까. "역사를 알아야 한다"라고 누군가 말하면 많은 사람이 "왜? 난 역사를 알고 싶지 않아"라고 대답한다. 사실 역사를 안다고 해서 모든 일에 제대로 대응할 수는 없다. 그러나 '재생'할 수는 있다. 역사적으로 이미 숱하게 다치고, 피 나고, 아프다가 재생했기 때문에 말이다. 그러니 역사를 모르면 재생할 수 없다.

한반도 역사를 돌아보면 마음이 아픈 시기가 너무도 많다. 특히 힘이 약한 시기에 항상 외세가 틈을 파고들었다. 조선 말, 열강의 세력균형을 읽지 못하고 문을 반쯤 연 채 우왕좌왕하다가 결국 나라를 잃었다. 누군가는 '그때 그 사람들이 멍청해서'라고 말하지만, 실제로는 국제 정세와 외교의 논리를 이해하지 못했기 때문에 제대로 된 선택지를 만들지도 못했다. 역사를 안다는 것은 과거 인물을 욕하는 일이 아니라, 같은 실수를 줄이기 위한 최소한의 방어막을 세우는 작업에 가깝다.

오늘을 사는 시민도 다르지 않다. 지금 당장 나 하나 편하게 사는 게 먼저라는 마음이 드는 건 자연스럽다. 다만 모두가 그런 생각에만 머무르면, 어느 순간 외교 실패의 비용이 물가 급등과 일자리 축소, 안보 위기로 되돌아와 일상을 뒤흔든다. 과거를 잊은 사회가 외교를 가볍게 여기고, 외교를 가볍게 여긴 사회가 위기를 맞는 순서가 늘 비슷했다. 역사를 공부한다는 선 시험을 위해 연도를 외우는 일이 아니라, '우리가 어디까지 가봤고 어디서 넘어졌는지'를 기억해두는 일이다.

외교는 전문가들만의 장기판이 아니다. 시민이 역사를 기억하고 외교의 중요성을 압박해야 정치 지도자도 섣불리 나라의 진로를 흥정하지 못한다. 과거처럼 시민이 외교를 남의 일로 치부하는 순간, 보이지 않는 곳에서 우리 삶을 뒤흔드는 결정이 조용히 내려질 수 있다. '역사를 모르면 재생할 수 없다'라는 말은 과거로 돌아가자는 주문이 아니라, 다시 넘어지더라도 같은 자리에서 넘어지지 말자는 다짐에 가깝다. 외교를 향한 시민의 관심은 그 다짐을 현실로 만드는 가장 현실적인 안전장치가 된다.

정상회담 전 물밑외교

정상회담 장면만 보면 모든 것이 하루아침에 결정된 것처럼 보인다. 두 정상이 깃발 앞에서 악수하고 서명식에서 펜을 들고 공동 발표를 마친 뒤 미소를 짓는다. 화면에 잡히는 건 그 몇 분뿐인데, 진짜 외교는 화면 밖에서 훨씬 오래, 훨씬 복잡하게 움직인다.

처음 시작은 의외로 조용한 연락 한 통에서 출발하는 경우가 많다. 외교부나 청와대·대통령실 참모가 상대국 대사나 외교 채널을 통해 '정상 간에 만날 필요가 있지 않겠느냐'라는 신호를 던진다. 이때는 날짜도, 장소도, 의제도 구체적이지 않다. 아직은 서로가 회담을 열 만한 정치적 여건과 필요가 있는지 가늠해보는 탐색전이다. 상대 반응이 미지근하면 속도를 늦추고, 적극적이면 곧바로 수면 아래 작업을 본격화한다. 그다음 무대에 올라오는 사람들이 물밑외교의 주역인 실무진이다. '셰르파'와 같은 역할의 대통령 보좌관, 외교·안보수석, 국장급·차관보급 실무자들이 라인별로 배치된다. 공항과 호텔, 대사관과 제3국 회의실을 오가며 상대국 카운터파트와 머리를 맞댄다. 겉으로 보면 평범한 비즈니스 미팅 같지만, 테이블 위에는 양국의 이해관계가 얽힌 의제 리스트가 촘촘히 펼쳐진다.

물밑외교의 첫 번째 과제는 '무엇을 두고 만날 것인가'를 정리하는 일이다. 양측이 공통으로 이득을 볼 수 있는 의제, 정상급에서 승부를 걸어볼 만한 의제, 지금 건드리면 안 되는 위험한 의제를 구분하는 작업이 시작된다. 한쪽은 회담 성과를 위해 경제협력을 앞세우고, 다른 쪽은 안보나 역사 문제를 넣으려 한다. 리스트에서 빠지느냐, 문장 순서가 앞에 오느냐 뒤에 서느냐만으로도 회담의 무게와 메시지가 달라지기 때문에 문장 한 줄, 단어 하나를 두고 밤늦게까지 줄다리기가 이어진다. 의제가 대략 정리되면 두 번째 라운드가 열린다. 이번에는 '합의문으로 무엇을 남길 것인가'가 핵심이다. 정상회담 뒤에는 공동성명이나 공동 발표문, 최소한 공동 기자회견에서 읽을 핵심 문장이 필요하다. 그 문장을 만들기 위해 양국 실무진은 초안과 수정안을 끝없이 주고받는다. 어떤 표현은 너무 강경하다고 깎이고, 어떤 표현은 너무 모호하다고 다듬어진다. 한쪽이 '우리는 이렇게까지 표현해줘야 국내 여론을 설득할 수 있다'라고 하면, 다른 쪽은 '그 문장은 우리 국회에서 받아들이지 못한다'라며 버틴다. 서로의 '레드라인'을 확인하는 과정 자체가 물밑외교다.

이 와중에 정보기관과 안보 라인도 조용히 개입한다. 상대국 정치 상황과 지도자의 지지율, 여야 구도, 관료 집단의 분위기를 분석해 '이 정도 선이면 상대가 감내할 수 있다'라는 보고서를 올린다. 정상에게 올라가는 브리핑에는 언제나 이런 물밑 정보가 함께 묶인다. 상대가 내부 사정상 양보하기 어려운 지점이 어디인지, 반대로 우리가 압박을 통해 얻을 수 있는 최대치가 어디인지 그려보는 단계다.

물밑외교가 절정으로 치닫는 시점은 정상회담 개최가 공식 발표되기 직전이다. 양측이 동시에 언론 발표를 준비하면서 발표 시점과 문구까지 조율한다. 누가 먼저 발표하느냐, 회담 장소를 어느 도시에 두느냐, 정상의 동선에 경제인들과 의원단을 끼워 넣느냐 같은 디테일이 이때 정리된다. 단순한 일정 조율처럼 보이지만, 사실은 상징과 메시지를 설계하는 작업이다. 상대국 수도를 찾는지 제3국을 선택하는지에 따라 세계가 읽는 의미가 달라진다.

정상회담 당일, 화면에 잡히는 것은 악수와 회담장 입장 장면뿐이지만 그 몇 분을 위해 수많은 사람이 수개월을 쏟는다. 의전팀은 깃발 위치, 좌석 배열, 사진 각도까지 점검한다. 실무진은 시간표를 분 단위로 쪼개 쟁점 의제 순서를 배치한다. 초반에는 비교적 쉬운 의제, 중간에는 가장 민감한 의제, 끝에는 분위기를 부드럽게 만들어줄 협력 의제를 넣는다. 정상의 한마디가 곧바로 시장과 여론을 움직이기 때문에 어떤 표현을 쓸지, 어떤 질문에는 답을 피할지까지 미리 시뮬레이션을 돌려본다.

물밑외교의 하이라이트는 회담 직전 마지막 밤에 찾아오는 경우가 많다. 양측 대표단이 묵는 호텔 복도나 대사관 작은 회의실에서 '막판 조정'이라는 이름의 벼락 협상이 벌어진다. 합의문 마지막 한 줄을 두고 새벽까지 문구를 고치는 일도 흔하다. 어떤 표현은 삭제하고, 어떤 표현은 각자 다르게 해석할 수 있도록 일부러 모호하게 남겨둔다. 국내 여론과 국회, 언론이 다르게 읽을 여지를 남기는 것도 기술이다. 이런 애매한 문장 하나가 합의를 성사시키는 안전핀 구실을 한다. 정상회담이 끝나고 두 정상이 발표문을 읽는 순간, 화면 밖에서는 이미 다음 단계 물밑 작업이 시작된다. 합의 내용을 구체적인 실행 계획으로 바꾸는 실무 협상이 기다리기 때문이다. 후속 회담 일정, 공동 위원회 구성, 예산 확보, 법·제도 정비가 모두 뒤따른다. 정상회담에서 분위기만 좋고 이 단계가 비어 있으면 얼마 지나지 않아 '빈 수레 회담'이라는 냉정한 평가를 받게 된다. 그래서 유능한 물밑 외교팀은 정상회담을 '끝'이 아니라 '출발점'으로 설계한다.

정상회담 전 물밑외교를 영화처럼 떠올려보면 주연은 늘 정상이지만 서사는 대부분 조연들이 끌고 간다. 실무진, 정보 분석가, 의전 담당자와 통역, 때로는 기업인과 학자까지 수많은 사람이 보이지 않는 곳에서 장면 하나하나를 준비한다. 준비가 치밀할수록 정상의 한마디는 더 안전해지고 동시에 더 큰 효과를 낸다. 반대로 물밑 준비가 허술하면 회담장에서 주고받는 말은 그저 멋진 대사로 남을 뿐 현실을 바꾸지 못한다. 화면에 잡히지 않는 사람과 시간, 문장과 숫자가 모여 한 장의 악수 사진을 만든다는 사실을 떠올릴 수 있을 때, 우리는 비로소 정상의 표정 뒤에 숨은 계산과 고민을 조금은 읽을 수 있게 된다.

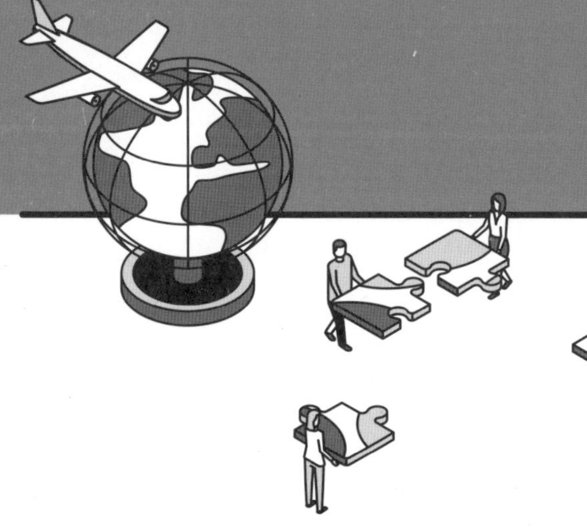

8. 미래 외교, 우리가 할 일

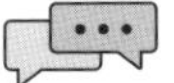

외교에 성공하기 위해 인재를 키워라

강한 외교를 말할 때 사람들은 먼저 대통령과 외교부 건물을 떠올리지만, 실제로 판을 움직이는 건 결국 사람이다. 조약도, 정상회담도, 위기 관리도 모두 누군가의 머릿속에서 기획되고 손끝에서 문장으로 태어난다. 그래서 외교를 잘하고 싶다면 장비나 시스템보다 먼저 사람, 곧 '인재'라는 토대를 다시 들여다봐야 한다.

외교 인재를 키운다는 말은 외국어를 잘하는 학생을 많이 만들자는 이야기와 다르다. 언어는 기본 도구일 뿐이고, 진짜 승부는 그 언어로 무엇을 읽고, 어떻게 판단하고, 어떤 문장을 만들어내느냐에서 갈린다. 같은 영어라도 '관광 영어'와 '협상 영어'는 완전히 다른 세계다. 교육자가 이 차이를 인식하는 순간, 외교 인재 양성의 설계도가 조금씩 달라진다.

먼저 기반 교육의 목표부터 바꿔야 한다. 시험 점수를 올리기 위한 국제정치 개론이 아니라, 실제 세계를 읽어낼 수 있는 감각을 키워야 한다. 역사, 경제, 안보, 기후, 기술이 뒤섞여 돌아가는 구조를 입체적으로 이해하는 힘이 외교의 기초 체력이다. 한 줄짜리 정의를 외우는 공부로는 국제 정세의 '살아 움직이는 얼굴'을 끝까지 따라잡기 어렵다.

언어 교육도 마찬가지다. 단어를 많이 아는 학생보다 상대의 속

내를 읽어내고 미묘한 뉘앙스를 조정할 줄 아는 학생이 외교 현장에서 더 쓸모가 있다. 교육 현장에서는 '회화 잘하는 학생'을 찾기보다, 듣고 정리하고 설득하는 능력을 같이 볼 필요가 있다. 외국어 수업에서도 토론, 롤플레잉, 모의 협상 같은 훈련을 섞으면 언어가 단순 기술이 아니라 협상의 도구로 자리 잡는다.

글쓰기는 외교 인재 교육에서 가장 과소평가된 영역 중 하나다. 외교 현장에서 핵심은 결국 문장 싸움이다. 공동성명, 브리핑, 서한, 메모, 보고서까지 모든 게 문장으로 남는다. 교육자는 학생에게 '멋있는 글'보다 '정확하고 계산된 문장'을 쓰는 훈련을 시켜야 한다. 반쪽짜리 합의를 가능하게 하는 애매한 문장, 양쪽이 각자 유리하게 해석할 여지를 남기는 표현도 결국 글쓰기의 영역이다.

숫자를 다루는 감각도 빼놓을 수 없다. 무역 규모, 방위비 분담, 온실가스 감축량, 금리와 환율 같은 숫자를 몸으로 읽어내야 외교의 진짜 판도가 보인다. 이과와 문과를 가르는 낡은 구분을 그대로 둔 채 국제정치를 가르치면, 학생은 늘 말은 그럴듯한데 수치가 텅 빈 사람으로 자라기 쉽다. 외교 인재 교육에서는 통계와 데이터를 읽는 법, 숫자 뒤에 숨은 이해관계를 파헤치는 법을 별도 과목이 아니라 기본 소양으로 묶어야 한다.

현장감 있는 교육도 중요하다. 교실에서만 배우는 외교는 대개 관념에 머무른다. 모의 유엔, 모의 정상회담, 지역 분쟁 시나리오를 놓고 팀별로 대응 전략을 짜는 연습을 반복하면 학생의 눈빛이 달라진다. 특정 국가의 대표로 발언해본 경험은 교과서 수십 페이지보다 더 깊게 머리에 남는다. 교육자는 학생들이 '의견'을 말하는 데서 더 나아가 '그 나라라면 어떻게 말할지'를 상상하게 해야 한다.

윤리와 책임 의식도 외교 인재를 가르는 중요한 기준이다. 외교관은 한 나라의 이익을 위해 움직이지만, 그 과정에서 다른 나라 시민에게 직접적인 피해를 줄 수도 있다. 국익만 외치다 보면 오만에 빠지기 쉽고, 반대로 도덕만 붙들고 있으면 냉혹한 세계에서 밀려난다. 교육 현장에서는 '국익과 보편 가치가 충돌할 때 어디까지 버티고 어디서 타협할지' 고민하게 만드는 시례 교육이 필요하나. 사자성어로 치면 '권모술수'만 가르칠 게 아니라, 그 위에 '공공선'이라는 최소한의 기준을 같이 세워줘야 한다.

또 하나, 외교 인재는 서울의 외교부 청사 안에서만 태어나지 않는다. 지방 도시에서 자란 학생, 공학이나 예술을 전공한 청년, 현장에서 뛰던 기업인도 훌륭한 외교 자산이 될 수 있다. 지역 전문가, 기술 외교 전문가, 문화·스포츠 외교를 담당할 인재는 오히려 비전통적인 경로에서 나오는 경우가 많다. 교육자는 '외교=외교관'이라는 좁은 상상력을 깨고, 인재들이 다양한 진로 속에서 외교적 역할을 발견하도록 도와야 한다.

국가 차원의 인재 정책도 여기에 발맞춰야 한다. 몇 년에 한 번 뽑는 시험 위주의 외교관 선발만으로는 빠르게 변하는 외교 의제를 따라가기 어렵다. 기후, 디지털, 우주, 사이버 안보처럼 새로운 의제

에는 그 분야 전문가를 직접 외교 테이블로 끌어들이는 통로가 필요
하다. 장기 인턴십, 공공과 학계, 민간을 오가는 순환 경력, 해외 연수
와 연구 지원이 촘촘히 연결될 때 외교 인재 풀은 비로소 두꺼워진다.

결국 외교 인재를 키운다는 말은 '외교를 이해하는 시민의 저
변'을 넓힌다는 말과 크게 다르지 않다. 외교 현장에 나가는 몇천 명
만 똑똑하면 되는 시대는 이미 지났다. 투표장과 온라인 공간에서
외교 이슈를 다루는 수천만 시민이 동시에 이 나라의 협상력을 규정
한다. 교육자가 해야 할 일은 그 시민들 속에서 잠재적인 외교 인재
를 찾아내고, 언젠가 국경을 넘나들 판 위에 설 준비를 차근차근 시
켜두는 작업이다. 그 축적된 인재가 결국 한 나라 외교의 '보이지 않
는 국력'이 된다.

시민도 외교의 주체다

외교 이야기를 하면 사람들은 여전히 청와대, 외교부, 대사관만
떠올리는 경우가 많다. 거기까지 생각이 머무르면 시민은 관중이고
국가는 선수다. 그런데 조금만 프레임을 바꾸면 그림이 달라진다.
시민이 세금을 내고, 표를 던지고, 거리에서 목소리를 내기 때문에
국가가 외교 무대에 등장한다. 무대 뒤에서 조용히 밀어 올리는 힘
이 바로 시민이라는 말이다.

시민이 외교를 모르면 어떤 일이 벌어질까. 행정부가 동맹을 재편하거나 통상 협상을 할 때 겉으로 내세우는 구호만 듣고 박수를 치거나 욕만 하고 넘어가게 된다. '안보 문제니까 무조건 필요하겠지', '경제에 도움 된다니 그런가 보다' 하고 지나가는 순간, 세부 조항 안에 숨은 비용과 위험은 아무도 묻지 않게 된다. 국회가 견제한다고 하지만, 현실 정치 구조를 보면 집권 세력을 제대로 말릴 수 있는 장치는 생각보다 약하다. 양당 구도에서는 한쪽이 잘못을 저질러도 자기 진영을 먼저 감싸려는 유혹이 항상 존재한다.

결국 남는 마지막 안전장치는 시민 여론이다. 여론이 뜨거워지면 야당도 움직이고, 여당도 속도를 늦추거나 방향을 틀 수밖에 없다. 반대로 국민이 외교 이슈에 무관심하면, 중요한 결정이 소수 관료와 정치인들의 밀실에서 조용히 통과된다. 그 결과를 시민은 몇 년 후 물가, 일자리, 안보 불안이라는 형태로 뒤늦게 마주하게 된다. 그래서 외교 공부는 학자나 외교관의 전유물이 아니라, 자기 삶을 지키려는 시민의 최소한의 '자기방어 기술'에 가깝다.

우리 현대사는 시민이 외교의 진짜 주체가 될 수 있음을 이미 증명했다. 불과 40년 전만 해도 이 나라는 군홧발 아래 놓인 독재국가였다. 거리에서 외교·안보 정책을 비판하는 일 자체가 '용기'를 넘어 '위험'이었다. 그럼에도 시민은 대학가와 공장, 골목과 시장에서 민주주의를 요구했고, 결국 권력을 바꾸어냈다. 주권을 되찾는 과정에서 외교 노선도 함께 바뀌었다. 어느 진영이 집권하는지에 따라

동맹과 대외 전략이 달라진다는 사실을 시민은 두 눈으로 확인했다.

두 차례 탄핵 국면 역시 시민이 외교정책을 포함한 국정 전반을 심판할 수 있다는 상징적인 장면이었다. 정치권이 스스로 정리를 못하자, 시민이 촛불과 태극기를 들고 광화문과 전국의 광장에 나왔다. 그 시기 외교 현장에서 한국의 이미지는 '시민이 직접 민주주의의 버튼을 누를 줄 아는 나라'로 각인됐다. 행정부가 잘못하면 언제든 광장으로 나와 바꿀 수 있다는 경험이 축적된 사회와, 아무리 잘못해도 바꿀 방법이 없는 사회의 외교적 위상은 다를 수밖에 없다.

문제는 한번 쟁취한 힘이 영원하지 않다는 점이다. 시민이 공부를 멈추고, 복잡한 이슈는 '전문가에게 맡기자'라며 손을 떼는 순간 민주주의는 껍데기만 남기 쉽다. 외교는 특히 그렇다. 전문용어와 기밀, 숫자와 영어 문서 뒤에 숨어 있기에, 관심을 조금만 놓아도 금방 '알 수 없는 영역'으로 밀려난다. 그 틈을 타서 누군가는 자기 정치와 이해관계를 위해 외교 이슈를 활용하고, 또 누군가는 국민 감정을 자극해 단기적인 지지율을 끌어올리려 한다.

그래서 시민이 외교를 공부해야 한다는 말은 거창한 이상론이 아니다. 뉴스를 볼 때 어떤 단어에 빨간 줄을 그어야 하는지, 정부 발표 내용에서 무엇을 질문해야 하는지, 야당의 비판 중 어디까지가 타당한 지적이고 어디서부터 정치공학인지 가려낼 수 있어야 한다는 뜻이다. FTA, 기후 협약, 방위비 분담, 공급망 재편 같은 단어를 마주했을 때 '우리 집 전기요금과 월급, 아이들의 미래와 어떤 연결 고리가 있는가'를 스스로 계산해볼 수 있어야 한다.

외교를 아는 시민은 행정부를 두 번 견제한다. 한 번은 투표함에서, 한 번은 거리와 여론 공간에서다. 선거 때 외교·안보 공약을 꼼꼼히 비교해보고 표를 행사하는 순간, 시민은 이미 외교의 설계자로 참여하는 셈이다. 그 뒤로도 필요할 때마다 광장에 나가거나 온라인에서 목소리를 내고, 지역구 의원에게 요구하는 행위 자체가 외교 환경을 바꾸는 변수로 작동한다. 외교 당국자는 결국 국내 여론의 눈치를 볼 수밖에 없기 때문이다.

시민이 모든 조약의 조문을 꿰뚫을 필요는 없다. 대신 큰 방향과 원리만이라도 공유하는 사회가 되어야 한다. 힘이 세다고 해서 다 옳은 것은 아니라는 점, 단기 성과를 위해 미래 세대의 몫을 팔아넘기는 합의는 거부해야 한다는 점, 인권과 평화라는 최소한의 기준은 국익이라는 이름으로도 쉽게 버려서는 안 된다는 점 말이다. 이런 공통의 기준이 있을 때, 정부가 어떤 외교를 펼치는지 평가하는 눈도 한층 더 정교해진다.

우리가 관심을 거둔 자리에는 항상 다른 누군가의 이해관계가 들어온다. 그 이해관계가 반드시 국민 전체의 이익과 일치하리라는 보장은 없다. 시민이 외교를 이해하고, 행정부의 선택을 감시하고, 필요할 때는 박수도 치고 꾸짖기도 할 때 비로소 '외교가 당신을 지배한다'라는 말이 '당신이 외교를 움직인다'라는 말로 바뀔 수 있다. 힘은 아는 사람에게 모인다. 외교도 예외가 아니다.

갈라지기보다 함께하기

'정치 얘기만 나오면 서로 싸운다'라는 말을 한번쯤 들어봤을 것이다. 가족 모임에서, 회사 회식 자리에서, 친구들과 술 한잔 기울이다가도 정치 이야기가 나오면 공기가 미묘하게 얼어붙는다. 어느 순간부터 우리 사회에서 정치는 상대를 설득하는 장이 아니라, 상대를 이겨야 하는 전쟁처럼 느껴진다. 양쪽 모두 '저쪽이 이기면 나라가 망한다'라고 믿기 시작하면 대화의 여지는 눈 녹듯 사라진다.

그런데 외교만큼은 이 습관을 조금 내려놓을 필요가 있다. 국내 정치에서는 서로 다른 가치와 이해관계가 부딪치며 치열하게 경쟁하는 것이 자연스럽다. 누구는 복지를 더 중시하고, 누구는 성장과 안보를 더 강조한다. 그런데 국경 밖으로 나가는 순간 이야기가 달라진다. 타국 앞에서는 대통령도, 장관도, 국회의원도 결국 '대한민국 대표'다. 상대국 눈에는 진보와 보수, 여당과 야당이 따로 보이지 않는다. 한반도라는 이름만 크게 보일 뿐이다.

그래서 외교 무대에서까지 국내 싸움을 그대로 들고 나가면 손해는 고스란히 우리 몫이 된다. 한쪽 진영이 정권을 잡을 때마다 외교 노선이 롤러코스터처럼 요동치고, 전 정부가 맺은 합의를 새 정부가 손쉽게 뒤집는 나라를 누가 신뢰하겠는가. 외국 입장에서는 '저 나라는 정권만 바뀌면 약속이 무용지물이 되는구나'라고 판단하기 쉽다. 신뢰가 떨어지면 협상력도 함께 떨어진다. 결국 손해는 특정 정당이 아니라 모든 시민에게 돌아온다.

그래서 외교에서는 진보와 보수를 가르는 기준이 조금 달라져야 한다. '내가 지지하는 정당이냐 아니냐'보다 '이번 선택이 한국 전체에 도움이 되느냐 아니냐'가 더 중요한 기준이 되어야 한다. 내가 좋아하지 않는 대통령일지라도 외교 현장에서 국익을 챙기고 있을 때는 박수도 쳐줄 수 있어야 한다. 반대로 내가 지지하는 정치 세력이라고 해서 외교적 실수를 눈감아 줄 이유도 없다. 외교는 팬심으로 평가하는 영역이 아니다. 냉정한 성적표가 필요하다.

사실 국익 중심의 외교 노선은 한번 합의해두면 여야 모두에게 이득이 되는 일이다. 정권이 바뀌어도 유지해야 할 큰 방향, 예를 들어 한반도 전쟁 방지, 동북아에서의 균형 잡힌 외교, 글로벌 공급망 속에서의 안정적인 위치 같은 것은 진보와 보수를 떠나 공통의 목표가 될 수 있다. 그 위에서 각 진영이 방법론을 두고 경쟁하면 된다. 어떤 쪽은 인권과 가치를 더 앞세우고, 다른 쪽은 경제와 안보를 더 강조할 수 있다. 다만 큰 틀에서 '이 선은 함께 지키자'라는 합의가 있으면 외교는 훨씬 안정된다.

시민이 할 일도 분명하다. 우선 외교 이슈를 볼 때 자동으로 진영 필터부터 씌우는 습관을 줄여야 한다. '어느 당이 제안했느냐'보다 '우리에게 어떤 이득과 위험이 있느냐'를 먼저 따져봐야 한다. 언론 기사나 정치인의 발언을 볼 때도 '저 사람은 어느 편이니까'를 기준으로 듣기보다, 구체적인 근거와 수치를 함께 요구하는 태도가 필요하다. 여야가 한목소리로 지지하는 외교 방향이 무엇인지, 또 어디까지는 초당적으로 지켜야 하는지 시민이 스스로 기준을 세워야 한다.

갈라지기보다 함께하는 외교 여론이 강해질수록 정치권도 책임 있게 움직인다. 여당은 지지층 눈치만 보며 쉽게 강경 발언을 던지기 어려워지고, 야당도 외교 사안에 무조건 반대하기 힘들어진다. '외교만큼은 국내 정치용으로 함부로 쓸 수 없다'라는 사회적 공감대가 형성되면 정치인도 조심한다. 외교 무대에서 실수를 저지르면 여야를 막론하고 똑같이 국민에게 혼난다는 것을 알게 될 때, 그제야 국익 중심 외교가 자리를 잡는다.

우리 사회는 이미 갈라졌다가도 함께할 수 있다는 걸 몇 번이나 증명했다. 광장의 촛불과 태극기가 서로 다른 자리에 섰던 순간도 있었지만, 큰 틀에서 보면 시민은 늘 '이 나라가 더 나은 방향으로 가야 한다'라는 공통된 마음을 가지고 있었다. 외교 문제에서도 그 마음을 다시 꺼낼 수 있다. 한반도의 전쟁 위험을 낮추고, 경제를 안전하게 지키고, 다음 세대가 살아갈 국제 환경을 조금이라도 나은 방향으로 만들자는 목표 앞에서는 누구든 손을 잡을 수 있다.

결국 외교는 '갈라지기 위해 존재하는 정치'와는 다른 얼굴을 가져야 한다. 국내에서는 서로를 날카롭게 비판하는 정치 세력이 국경 밖에서는 같은 국기를 앞세우고 같은 문장을 읽는 장면은 이상

한 일이 아니다. 오히려 건강한 민주주의의 한 장면이다. 진보와 보수가 서로의 방식을 비판하더라도 외교 문제에서만큼은 최소한의 공통분모를 지키겠다고 약속하는 순간, 한국의 외교력은 몇 단계 더 단단해진다.

갈라지기보다 함께하자는 말은 뜬구름 잡는 구호가 아니다. 내 삶과 지갑, 안전과 직결된 외교를 더 이상 '저 사람들이 알아서 하겠지'라는 생각에 맡기지 말자는 다짐에 가깝다. 국익 앞에서 필요하다면 자신이 지지하지 않는 정권에도 힘을 실어줄 수 있는 시민, 잘못하면 누구든 가차 없이 꾸짖을 수 있는 시민이 낳아질수록, 외교는 비로소 정치 싸움에서 벗어나 우리 모두의 것이 된다. 그때부터 대한민국의 목소리는 밖으로 나갈수록 더 단단해진다.

끝으로

이 책을 쓰는 동안에도 시야에 올라오는 세계 뉴스 대부분을 챙겨 봤다. 먼저 눈에 들어오는 곳은 우크라이나였다. 전쟁이 일상처럼 이어지고, 어느 날은 반격 소식이, 어느 날은 민간인 피해 소식이 쏟아진다. 시선을 조금만 옮기면 중동에서 연기와 먼지가 피어오른다. 휴전과 전쟁 재개, 협상과 파기가 뒤엉키면서 평화라는 단어가 점점 공허한 메아리처럼 느껴진다. 인도와 파키스탄은 오래된 상처를 안고 핵무기를 사이에 둔 채 서로를 향해 눈을 흘긴다. 동남아 곳곳에서도 영토 분쟁, 강대국의 경쟁, 군부 쿠데타의 그림자가 번갈아 드리운다.

동북아로 시선을 돌리면 긴장은 더 피부에 와닿는다. 중국이 대만을 향해 군용기를 띄우고, 바다와 하늘에서 압박을 높인다는 뉴스가 끊이지 않는다. 일본과 중국은 바다 한가운데 작은 섬을 두고 서로의 배를 밀어내며 경고 방송을 주고받는다. 미국은 유럽과 중동만 바라보는 나라가 아니다. 남미와 멕시코 국경, 카리브해 인근에서도 군사적으로 개입할 가능성이 수시로 거론된다. 마치 세계 곳곳에 작은 화약고가 깔려 있고, 어디서 먼저 불씨가 튈지만 정해지지 않은 듯한 풍경이다.

이 거친 파도 한가운데에 한국이 서 있다. 한반도는 여전히 정전 상태다. 북쪽에서는 미사일이 날아오르고, 남쪽에서는 대비 훈련이 반복된다. 그 와중에 우리 통화 가치는 요동치고, 원화 환율은 어느새 1달러에 1,470원까지 밀려 올라왔다(2025년 11월 30일 기준). 숫자 하나가 조금 오르내리는 문제로 보일 수 있지만, 환율이 빠르게 오르고 높은 수준에서 버티기 시작하면 일상이 서서히 조여든다.

에너지, 곡물, 원자재 대부분을 바깥에서 들여오는 나라에서 환율 상승은 곧바로 수입 물가 상승으로 이어진다. 기름·가스·밀·옥수수 가격을 치르는 돈이 많아질수록 기업의 생산비도 덩달아 오른다. 수입 원자재로 공장을 돌려 수출하는 제조업계는 원가 압박과 환차익 사이에서 줄타기를 해야 하고, 수입에 의존하는 중소 자영업자는 원가 인상분을 가격에 다 반영하지 못한 채 마진을 깎아먹는다. 해외에서 돈을 빌려 온 기업과 금융기관은 이자와 원금을 갚을 때마다 속이 타들어간다. 환율이 높아질수록 갚아야 할 실질 부담이 함께 불어나기 때문이다.

그 여파는 가계에도 번진다. 해외여행, 유학, 해외 직구 같은 '사치'처럼 보이는 영역만 타격을 받는 것이 아니다. 전기요금, 난방비,

식비처럼 꼭 필요한 항목의 액수가 높아지면서 지출 구조가 바뀐다. 당장 눈앞의 장바구니가 무거워질수록, 사람들은 미래를 위한 투자와 소비부터 줄이기 시작한다. 자영업 폐업률이 올라가고, 기업은 신규 채용을 눈치 보며 늦춘다. 통계에서 '그냥 쉰다'라고 답하는 청년의 비중이 늘어나는 배경에는 이처럼 복합적인 경제·외교 환경이 얽혀 있다.

나라 밖 사정은 험악하고, 나라 안 사정은 팍팍하다. 사람들 입에서 자연스럽게 한숨이 새어나온다. '이래서 도대체 어떻게 살라는 거냐'라는 질문이 나오는 이유는 결코 당신이 나약해서가 아니다. 삶이 버겁다는 감각이 매일 지갑과 통장, 회사와 가게, 집세와 대출 이자로 확인되기 때문이다. 거대한 국제 정세와 내 통장의 숫자가 따로 노는 것이 아니라는 사실을 피부로 느끼는 시기다.

그렇다고 해서 한 번에 모든 문제를 해결할 도깨비방망이는 존재하지 않는다. 안보, 경제, 복지, 교육, 기후, 기술, 인구 문제까지 한꺼번에 고쳐보겠다고 달려들면 어느 것 하나 제대로 잡지 못한 채 지쳐 쓰러지기 쉽다. 결국 해법은 언제나 그렇듯이 하나씩, 그러나 끊임없이 풀어가는 수밖에 없다. 이 책을 쓰면서 내가 내린 결론은 그 '하나씩'의 첫 줄에 외교를 올려야 한다는 점이다.

외교는 전쟁을 막는 기술이기도 하고, 경제의 숨통을 틔우는 관문이기도 하다. 동맹을 관리하고, 새로운 시장을 열고, 위험한 갈등을 완충시켜주는 역할을 한다. 어느 나라와 손을 잡을지, 어느 나라와 거리를 둘지, 어떤 규칙을 먼저 받아들이고 어떤 규칙에는 제동을 걸지에 따라 한국의 기회와 비용이 달라진다. 환율, 물가, 일자리, 집값, 청년의 미래 같은 키워드가 외교와 동떨어져 있는 것이 아니라, 그 결과물이 바로 우리 일상에서 숫자로 나타난다.

그래서 이 책은 거창한 이론서가 아니라, 시민이 외교라는 거울을 통해 자기 삶을 다시 들여다보자는 요청에 가깝다. 세계 곳곳의 전쟁과 분쟁을 살피고, 강대국의 외교 스타일과 약소국의 생존법을 따라가본 이유도 결국 '그 나라 이야기'를 넘어서기 위해서였다. 북한, 미국, 중국, 일본, 유럽, 중남미, 아프리카와의 간게를 치례로 짚어본 것도 한국이 거대한 바다 한가운데서 어떤 항로를 잡아야 할지 가늠하기 위해서였다.

한편으로는 이 책이 정치적 진영 싸움에 휘말리지 않았으면 한다. 외교는 어느 한 정당의 것도, 어느 한 대통령의 것도 아니다. 정권이 바뀔 때마다 지도 전체를 갈아엎듯 외교 노선을 바꾸면 손해는 결국 우리 모두에게 돌아온다. 누가 집권하든 넘지 말아야 할 선, 지켜야 할 약속, 길게 보고 추구해야 할 방향이 존재한다. 그 기준을 정하는 힘은 바로 시민에게서 나온다.

우리나라는 두 번의 탄핵을 겪었고, 여러 차례의 대규모 집회를 통해 스스로 권력의 방향을 바꿔본 경험이 있다. 불과 몇십 년 전만 해도 독재 정권 아래에서 언론과 집회의 자유를 제대로 누리지 못하던 나라였던 점을 떠올리면 이 변화는 결코 가볍지 않다. 시민이 거리에서, 투표함 앞에서, 때로는 온라인 공간에서 목소리를 낸 덕분에 한국 외교도 그만큼 성숙해졌다. 이제 다음 단계는 그 목소리를 더 정교하게 만드는 일이다.

외교를 공부하자는 말은 각 나라의 수도와 국기를 외우자는 뜻이 아니다. '지금 이 협상의 핵심은 무엇인지', '이 결정이 우리 경제와 안보에 어떤 영향을 줄지', '다른 선택지는 없는지'를 함께 고민해보자는 제안이다. 정부의 발표를 그대로 받아 적는 대신, 그 안에 빠진 문장과 숫자를 찾아보는 습관을 들여보자는 권유다. 정치권의 공방을 응원하듯 지켜보기보다, 진짜로 국익에 도움이 되는 선택이 무엇인지 스스로 판단해보자는 초대장이다.

앞으로 세계는 더 자주, 더 거칠게 요동칠 것이다. 기후 위기와 에너지 전환, AI와 데이터 전쟁, 공급망 재편과 기술 패권 경쟁이 동시에 밀려온다. 이런 변화 속에서 외교를 모르는 나라는 바람 부는 대로 떠밀리는 작은 배가 되기 쉽다. 반대로 외교를 아는 시민이 많은 나라는, 설령 파도가 거칠어도 방향키를 끝까지 붙들고 항로를 바꿔낼 수 있다.

이 책을 덮는 지금, 독자 여러분이 외교의 모든 세부 사항을 이해했을 거라고 기대하지는 않는다. 다만 뉴스를 보는 눈이 예전과 조금은 달라졌기를 바란다. 어느 나라 이름이 나올 때, 어느 조약과 회담이 헤드라인을 장식할 때 '이게 나와 어떤 관련이 있을까?'라는 질문이 자연스럽게 떠오른다면 그걸로 충분하다. 그 질문이 쌓여 어느 날에는 주변 사람과 외교 이야기를 나누게 될 테고, 또 어느 날에는 투표소에서 다른 선택을 할지 모른다.

끝으로, 이 책은 나 혼자 쓰는 글이 아니라 독자와 함께 이어나갈 대화의 한 장면이라고 믿고 싶다. 책장을 덮는다고 해서 외교가 멈추지 않듯, 우리의 공부도 여기서 끝날 수 없다. 내일 또 다른 분쟁이 터지고, 새로운 동맹과 협력이 등장하고, 예기치 않은 기회와 위기가 동시에 찾아올 것이다. 그때마다 이 책에서 나눈 생각들이 작은 기준점이 되어주기를 바란다.

국제 정세는 심각하고, 국내 상황도 쉽지 않다. 더더욱 외교를 남의 일로 남겨두기에는 세상이 너무 거칠게 변하고 있다. 갈라지기보다 함께 고민하고, 서로 다른 생각 위에 공통의 국익을 쌓아 올리는 일, 바로 그 작업의 출발점이 이 책이기를 바란다. 언젠가 또 다른 자리에서, 더 깊고 넓어진 외교 이야기를 독자 여러분과 나눌 수 있기를 기대하며, 여기서 잠시 펜을 놓는다. 우리 모두의 외교는 이제부터가 진짜 시작이다.

아울러 이 책이 나오기까지 바로 옆에서 든든하게 곁을 지켜준 두 여성, 그리고 책에 대한 아이디어를 내고 원고를 굳건히 믿어준 슬로디미디어 출판사 대표께 감사를 표한다.